KB189299

달라이 라마의
입보리행론 강의

dalai lama

우리 안의 선한 본성은
어떻게 찾아지는가

달라이 라마의
입보리행론 강의

달라이 라마
빼마 까라 번역 그룹 편역
이종복 옮김

불광출판사

달라이 라마(덴진 갸쵸)는 1935년 동북부 티베트 지방인 암도에서 태어났다. 그가 두 살 때, 달라이 라마 환생 전통에 의해 열네 번째 환생자로 지목되었다. 달라이 라마는 프랑스 영토의 세 배에 달하며 2,000년에 걸쳐 통일되고, 독립 국가로 존재해온 티베트를 3세기 동안 지도해온 정신적인 지도자를 가리킨다.

이러한 티베트를 중국 공산당 정부는 1950년, "평화로운 해방"을 가져오겠다는 구실로 침략했다. 이 침략은 곧 티베트의 정체성과 문화 파괴를 초래했고, 오늘날 모두 사라질 위기에 처해있다.

현재 달라이 라마는 티베트 독립운동의 상징이 되었다. 그는 1959년부터 인도 북부의 다람살라에 거처하며, 티베트 난민 공동체를 지도하고 용기를 북돋아 주고 있다. 또한 비폭력의 대변인으로서 세계 평화를 위해 쉼 없이 노력하고 있다. 이타심에 기반한 지혜와 경험을 우리에게 알기 쉽게 전해주는 영적 스승이며, 많은 불교도가 그를 존경하고 경배한다. 달라이 라마에게 불교란 교리 또는 종교가 아니라 삶의 방식이며, 지혜, 내면의 평화 그리고 행복의 원천이다. 불교는 우리 안의 자애와 연민을 일깨워 우리에게 이 지구상에 있는 모든 살아 숨 쉬는 존재들을 보호하라고 가르친다. 이

것이 달라이 라마께서 공통의 책임, 즉 우리 하나하나가 인류라는 가족의 구성원으로서 평화를 위한 일꾼이 되고 환경의 보호자가 되어야 한다는 것을 강조하시는 이유이다. "무기를 버리려면 먼저 마음속에서 무기를 버려야만 한다. 유일한 평화는 우리의 마음속에서부터 이루어져야 한다"고 말씀하신다.

　　　이 책은 달라이 라마가 1991년 8월 프랑스 남서부 지방인 도르도뉴(Dordogne)에서 일주일 동안 강연한 내용의 정수를 담아 만들었다. 불교 문헌 가운데 가장 위대한 게송 중 하나인 샨띠데바의 《입보리행론(bodhicaryāvātara, byang chub sems dpa'i spyod pa la 'jug pa)》을 설법하면서 수천 명의 사람들에게 연민의 길이 무엇인지 설법했다. 연민의 길이란 타인의 괴로움을 더 이상 보고만 있지 않겠다는 자비의 마음을 일으키는 것이며, 고통받는 사람들의 마음을 평온하게 만들기 위해 먼저 자신의 마음을 닦아나가는 보살의 길을 말한다. 달라이 라마는 《입보리행론》을 무수히 많이 강의해왔다. 그럼에도 가끔 게송의 아름답고 지혜로운 내용에 감동하여 눈물을 흘리시곤 한다. 이는 진심으로 그 가르침을 받아들이고 따르기 때문이다.

8세기를 살았던 위대한 인도의 성자 산띠데바처럼, 달라이 라마 역시 인간의 본성을 간결하고 가슴에 와닿는 말로 설명하신다. 그는 우리가 간직하고 있는 사랑과 다정함의 잠재된 힘을 조금이라도 빨리 일깨우기를 바란다. 이를 위해 달라이 라마는 선한 마음을 가진 사람이 되는 길을 우리의 일상생활 속에서 찾아 쉽게 설명해 준다. 그 가르침이야말로 우리가 나아가야 할 삶의 방향과 의미이다.

뗄꾸 뻬마 왕겔

감사의 말

우리는 1991년 8월 달라이 라마를 프랑스 도르도뉴 지방으로 초대
해주신 티베트 스승들께 깊은 감사를 보낸다. 달라이 라마는 센펜
다와 린뽀체, 라마 직메 린뽀체, 딱룽 쩨튈 린뽀체(뗄꾸 뻬마 왕겔) 그
리고 돌아가신 네낭 빠오 린뽀체의 초청으로 오셨다. 이 스승님들
의 협력으로 많은 대중들이 달라이 라마를 만나고, 프랑스에서 처
음 행해진 완전히 집성된 그의 가르침을 들을 수 있었다.

　　이 가르침을 티베트어로부터 옮기는 과정에서 뻬마까라 번
역 그룹(Padmakara Translation Group)의 구성원인 직메 켄체 린뽀체,
스테판 게딘, 울스턴 플레처, 마이클 에이브럼스, 비비안 쿠르즈, 존
캔티, 크리스티나 퍼마일드 그리고 꾄촉 뗀진과 크리스틴 폰드케이
브의 지대한 도움이 있었다. 여기에 인용된 샨띠데바의 《입보리행
론》의 번역은 뻬마까라 번역 그룹의 허락을 받은 것이다.

도르도뉴 불교 센터 연합

달라이 라마는 많은 저술과 각종 미디어 출연 및 대중 강연을 통해
이미 서구에 널리 알려진 분이지만, 이 책은 달라이 라마의 유럽과
북미 순방을 더욱 널리 알리고 뜻깊은 행사로 만들어주었다. 한 주
동안 달라이 라마는 거대한 천막 아래 앉아있는 2,000여 명의 청중
들에게《입보리행론》이라는 위대한 불교 문헌을 바탕으로 가르침
을 펼쳤다.

　　《입보리행론》은 8세기 무렵 활동한 인도 승려 산띠데바 의
작품으로 깨달음의 길 전체를 설명하는 문헌이다. 여기에 나오는
내용은 언제나 영감을 주지만, 완전히 이해하기 위해서는 자세한
해설이 필요한 부분들이 있다. 하지만 설법을 완전히 마치려면 예
닐곱 달은 족히 걸린다. 따라서 달라이 라마는 제한된 시간 내에 핵
심이 되는 부분을 요약해서 가르침을 전해야만 했다. 특히 매우 이
해하기 어려운 제9장의 내용을 아주 간단하게 설명하고 넘어갈 수
밖에 없었는데, 이 9장은 1993년 11월, 우리에게 다시 상세하게 가
르쳐 주셨다. 이 가르침은 2004년 위즈덤 출판사에서《지혜의 수행
(Practicing Wisdom)》이라는 제목으로 출판되었다. 그러나 어디에서
도 달라이 라마는《입보리행론》의 10장을 제대로 가르칠 기회를 얻

지 못했다.

　　이 책에 나오는 한두 가지 정도의 세밀한 부분은 특히 이 가르침이 행해진 상황에 한정된 것이다. 3장에서 달라이 라마께서 《입보리행론》의 이 부분을 설명하실 때, 샨띠데바의 말을 근간으로 그곳에 모인 사람들에게 보살계를 받도록 권하신다. 10장의 대부분은 가르침의 마지막을 맺는 헌사를 하는 동안 주신 달라이 라마의 조언이다.

　　이 책에서는 《입보리행론》의 게송이나 주석에서 모두 일반 대명사를 사용할 때 남성형 대명사, 즉 '그'를 사용하지 않으려고 노력했다. 다행히도 티베트어 원문은 종종 대명사를 전혀 사용하지 않는다. 그러나 스타일의 문제상, 특히 내용이 함축적이고 중요하게 봐야 할 부분이 있는 샨띠데바의 게송에서는 그렇지 못한 경우도 있었다. 전설에 따르면 샨띠데바는 이 《입보리행론》을 처음 가르친 것이 8세기라고 한다. 만일 이 전설이 옳다면, 이 가르침은 날란다 사원에 있던 그의 도반들에게 한 것이며, 그가 쓴 언어나 비유들은 모두 비구 대중, 즉 남성 청중을 위한 것일 가능성이 크다. 달라이 라마는 여성 독자들에게, 예를 들어 욕정을 다루는 8장과 같이 샨띠데바의 사상을 실생활에서 실천하고자 할 때는 간단하게 지칭되는 대명사의 성별을 여성으로 바꾸어 읽어보라고 조언한다.

　　달라이 라마는 이 책에서 티베트에 머물렀을 때 승원 대학에서 닦은 방대한 배움의 결과를 선사한다. 그 결과란 심오한 지식, 인간의 조건, 책임감 있고 선량한 사람이 된다는 진정한 의미에 관한 그의 비범한 식견이다. 이 책은 그가 자신의 삶을 예로 진리와 소통하는, 간단하면서도 마음을 움직이는 방식을 전통적인 불교의 가르침 속에서 보여준다. 이 책의 여러 부분은 매우 전문적이기도 하다. 이 부분들은 다양한 불교 용어와 개념에 관한 기본 지식이 필요하다. 이러한 불교 용어들에 대한 간단한 설명은 용어 해설에 넣어놓았다. 가끔 나오는 인명이나 용어는 각주에 있다.

빼마까라 번역 그룹

목차

보살의 길

나는 이 《입보리행론(bodhicaryāvatāra)》의 가르침을 꾼누 린뽀체[01] 뗀진 겔첸에게서 받았다. 꾼누 린뽀체는 이 가르침의 위대한 전수 자들 가운데 한 명으로 존경받고 있는 빠뚤 린뽀체[02]로부터 전해 받 았다. 전해오는 이야기에 따르면, 빠뚤 린뽀체가 《입보리행론》을 설 법할 때마다 많은 꽃잎으로 이루어진 노란 꽃들이 피어나는 등의 상서로운 징조가 일어났다고 한다. 나에게 이러한 위대한 불교 고 전을 설할 기회가 주어졌으니 참으로 감사할 뿐이다.

산띠데바[03]는 이 책을 내면과 대화하는 형식으로 지었다. 그 는 자신의 무기들을 자신을 향하게 해서 자신의 부정적인 감정들과 전투를 벌였다. 따라서 우리가 이 고전을 통해 정신적으로 한 걸음 더 성장하기 위해서는 단순히 학문적 연구의 대상으로 삼는 것이

01_ 꾼누 린뽀체(1885~1977)는 인도에서 태어나 티베트에서 공부했으며, 달라이 라마를 가르친 스승들 가운데 한 명이다.

02_ 빠뚤 린뽀체(1808~1887)는 동부 캄 지방에서 태어난 훌륭한 스승이다. 그는 산띠데바와 자비의 보살 첸레직(관세음보살)의 화신으로 여겨진다. 그는 《위대한 스승의 가르침》(오기열 역, 지영사, 2012)의 저자로 널리 알려져 있다.

03_ 산띠데바는 8세기경 인도에서 활동한 불교 승려이다. 날란다 사원에 머물면서 그가 처음 이 책을 가르친 것도 날란다 사원의 승려들이다.

달라이 라마의 입보리행론 강의

아니라, 우리 역시 샨띠데바가 했던 것처럼 실천하는 것이 중요하다. 이것을 염두에 두고 붓다에 귀의하고 경전에서 뽑은 구절들을 같이 낭송함으로써 각각의 장을 시작해보자.

> 악행을 버리고
> 덕행을 닦아
> 마음을 조복하라.
> 이것이 붓다의 가르침이다.

> 별, 신기루, 혹은 불꽃과 같이,
> 마술로 일어난 환영, 이슬, 혹은 물거품과 같이,
> 꿈, 섬광, 혹은 구름과 같이,
> 모든 이루어진 것들을 이렇게 보아야 한다.

이 게송을 낭송할 때 모든 것은 변한다는 무상함과 현상에는 실재하는 자성이 없다는 것을 깨달아야 하며 다음과 같은 게송으로 끝을 맺는다.

> 이 공덕으로 우리가 일체지를 얻을 수 있기를
> 우리의 적인 해로운 행동들을 이겨낼 수 있기를
> 생로병사의 파도에 시달리는 모든 생명이
> 삶의 바다에서 자유로워질 수 있기를 기원합니다.

다음으로 《반야심경》, 문수보살을 찬탄하는 게송 그리고 만달라의 봉헌을 낭송한다.[04] 이러한 게송들을 낭송할 수 없는 분들은 간단하게 붓다의 자애에 대해서 생각하고, 반야부(般若部) 경전들의 가르침인 공성(空性)에 관해서 고찰한다.

끝으로, 삼귀의를 하고 발보리심의 서원을 세 번 함으로써 우리의 서원을 일신한다.

붓다, [붓다의 가르침인] 다르마 그리고
[붓다의 가르침을 따르는] 승가에
깨달음을 얻을 날까지 귀의합니다.
보시 등의 [육바라밀을] 행함으로써
모든 생명의 복지를 위해 우리가 불성을 얻을지이다.

이제 《입보리행론》을 시작하자.

이러한 가르침을 주신 스승 붓다께서는 깨달음을 얻겠다는 서원을 일으키면서 시작하셨다. 그러고 나서 그는 세 무량겁 동안 선업을 쌓으셨다. 그리고 마침내 이 세상에 태어나 인도 보드가야의

04_ 《반야심경》은 반야부 경전들의 가장 짧은 요약본이며 공성에 대한 가르침의 정수를 담고 있다. 문수보살을 찬탄하는 게송(Śrījñānagunabhadranāmastuti)은 지혜의 붓다에 대한 기원문으로 불교 문헌을 공부하기 전에 종종 낭송된다. 만달라는 우주의 상징적인 표상으로 법문을 청할 때 법을 설하는 스승에게 봉헌된다.

달라이 라마의 입보리행론 강의

보리수 아래 금강좌에서 깨달음을 일으키셨다. 붓다가 광대하고 심오한 다르마의 바퀴, 법륜을 굴리신 지 이제 2,500여 년이 지난 지금, 불교의 길은 세계의 종교 전통들 가운데 가장 중요한 하나로 자리 잡았다. [05]

붓다의 가르침은 두 가지 방향으로 볼 수 있다. 그것은 실천과 관점이다. 실천이란 다른 생명을 해치지 않는 것을 뜻한다. 이는 종교를 떠나 보편적으로 도움이 되는 것이며, 모든 사람들이 귀하게 여기는 것이다. 관점이란 상호의존의 원리를 일컫는다. 행복과 괴로움 그리고 이를 경험하는 존재들은 원인 없이 일어나지 않으며, 어떤 영원한 창조자에 의해 이루어지지도 않았다. 사실상 모든 현상은 그 현상과 관련 있는 원인으로부터 일어난다. 이 사상은 모든 불교의 종파에서 견지하는 것이며, 따라서 나는 보통 우리 불교도의 관점은 상호의존의 관점이라고 말한다.

상호의존의 관점은 마음을 활짝 열어준다. 일반적으로 우리는 경험한 것은 원인의 복잡한 관계망에서 일어난다는 것을 깨닫지 못하고, 행복과 슬픔 같은 것이 단 하나의 독립적인 원인에 기인한다고 생각하는 경향이 있다. 그러나 만일 그게 사실이라면 우리가 좋은 것이라고 생각하는 것과 접촉할 때, 우리는 당장 저절로 행복

05_ 다르마의 바퀴, 즉 법륜은 붓다의 가르침을 상징한다. 법륜을 굴린다는 것은 가르침을 펴는 것과 같은 뜻이다. 이 장의 후반부에 더 자세한 설명이 나올 것이다.

해져야 한다. 반대로 나쁜 것과 접촉할 경우, 슬퍼져야 하는 것이 당연한 일이다. 기쁨과 슬픔의 원인들이 무엇인지 찾고 목표로 삼기 쉬운 것처럼 보인다. 모든 것이 아주 간단할 것이다. 그리고 우리의 화와 집착을 정당화할 좋은 이유도 찾을 수 있을 것이다. 그 반면에 우리가 경험하는 모든 것들이 원인들과 조건들의 복잡한 상호작용의 결과라고 할 때, 우리가 원하거나 화를 낼 어떠한 단일 개체도 없다는 것을 깨닫게 된다. 그리고 집착 또는 화와 같은 고통을 일으키는 단일 개체를 찾는 것은 더욱더 힘들다는 것을 알게 된다. 이러한 방식으로 상호작용의 관점은 우리의 마음을 보다 편안하고 열려있을 수 있도록 도와준다.

우리의 마음을 닦고 이 상호작용의 관점에 점점 더 익숙해짐으로써, 우리가 현상을 바라보는 방식을 바꿀 수 있고, 그 결과로 우리는 차츰차츰 우리의 행동을 바꾸어 다른 생명을 덜 해치게 될 것이다. 이에 대해 앞에서 낭송했듯이 경전에서는 이렇게 말한다.

악행을 버리고
덕행을 닦아
마음을 조복하라.
이것이 붓다의 가르침이다.

가장 하찮은 악한 행동이라 하더라도 우리는 피해야 하며, 아무리 작은 선한 행동이라도 하찮게 보지 말고 실천해야 한다. 이렇게 해야 하는 이유는 우리가 모두 원하는 행복과 우리가 모두 피하고자 하는 괴로움은 바로 우리의 행동, 혹은 업(業, karma)에 의해 생기기 때문이다. 우리가 경험하는 모든 것은 늘 그렇듯 우리의 행동에 의해 계획되는 것이며, 이러한 행동은 다시 우리의 마음가짐에 달려 있다. 우리가 젊을 때 행동하고, 말하고, 생각한 모든 것이 우리가 나이 들었을 때 겪는 행복과 괴로움의 원인이다. 게다가 이번 생에 한 모든 것이 다음 생의 행복과 괴로움을 결정할 것이다. 그리고 이번 겁의 행동들이 미래 겁에 우리가 경험할 것으로 귀착될 것이다. 이 것이 업의 법칙, 혹은 인과법이라고 우리가 일컫는 것이다.

중요한 것은 광대하고 심오한 수행의 길에 대한 가르침을 통해 마음을 조복시키는 모든 방법을 아는 것이다. 증오의 해독제는 자애(慈愛)의 명상이다. 집착을 극복하기 위해서는 우리의 마음을 사로잡는 것들의 추함에 대해서 명상하는 것이다. 자만의 해독제는 오온(五蘊)에 대한 명상이다. 무지(無知)를 제거하기 위해서는 호흡의 움직임과 상호의존성에 의식을 집중해야 한다. 요동치는 마음의 근본은 현상의 본성에 대한 오해에서 비롯하는 무지, 혹은 어리석음이다. 실재에 대한 오해를 정화시킴으로써 그 마음을 제대로 할 수 있다. 이것이 붓다의 가르침이다. 마음을 닦음으로써 우리는 우리가 행동하고, 말하고, 생각하는 방식을 탈바꿈할 수 있다.

일반적인 붓다의 가르침에 관해서 설명하는 것이 도움이 될 수 있겠다. 대승 불교에 따르면, 붓다는 깨달음을 얻은 뒤 그의 가르침을 세 번에 걸쳐 불법의 바퀴를 굴리셨다고 한다. 첫 번째로 붓다는 불교의 모든 가르침의 근본인 네 가지의 성스러운 진리, 즉 사성제(四聖諦)를 가르치셨다. 네 가지 성스러운 진리란 괴로움의 성스러운 진리, 괴로움의 근원의 성스러운 진리, 괴로움의 소멸의 성스러운 진리 그리고 괴로움을 소멸하는 길의 성스러운 진리이다. 두 번째로 법륜을 굴리실 때, 그는 공성과 수행의 길에 대한 심오하고 자세한 가르침을 펴셨는데, 이는 반야부 경전들에 기록되어 있다. 세 번째 법륜을 굴리시면서, 그는 공성을 보다 이해하기 쉬운 방법으로 가르치셨다.《여래장경(如來藏經)》등의 경전들에서, 붓다는 나 자신인 주체와 대상인 객체 사이에 이분법적 사고가 없는 절대적인 자성에 대해서 말씀하셨다. 이것이 또한 미륵(彌勒, Maitreya)의《구경일승보성론(究竟一乘寶性論)》의 주제이기도 하다.

괴로움인 번뇌[06]의 근원에 관한 이해는 정도에 따라 다를 수 있다. 그리고 이는 현상의 본성에 대한 이해가 필요하다. 두 번째 법륜을 굴릴 때, 붓다는 괴로움의 소멸의 진리에 대해서 자세히 설명하셨다. 그는 현상에 대한 매우 상세한 분석이 번뇌에 대한 더 투철한 이해로 이끌고 마침내 훨씬 더 정확한 공성의 통찰에 이르게 한다는 것을 가르치셨다. 이 앎은 다시 괴로움을 소멸하는 길의 성스

06_ 역자주: 원문에서는 부정적인 감정(negative emotion)이라고 티베트어를 번역했으나, 앨런 월레스(Alan Wallace)는 불교 용어인 번뇌(kleśa)를 단순히 부정적인 감정만으로 번역하는 것은 다양한 종류의 번뇌를 표현하기에는 너무나 범위가 작은 개념이라는 점을 지적한다. 역자의 경우 일반 불교 교양서에서는 부정적인 감정으로 번역하지만, 여기에서는 번뇌로 번역한다.

러운 진리에 대한 더 심오한 이해로 이끈다.

세 번째 법륜에서 우리는 깨달음을 성취하기 위한 수행의 길에 대한 보다 상세한 설명을 찾을 수 있다. 이 세 번째 법륜은 우리가 모두 장래에 깨달을 수 있는 잠재된 가능성을 강조한다. 여래장(如來藏, tathāgatagarbha) 혹은 불성(佛性)이라고 불리는 이 가능성은 우리가 무시이래로 늘 가지고 있는 것이다. 괴로움을 소멸시키는 길의 성스러운 진리에 대해서 말할 때, 우리는 우리의 본성과 완전히 다른 씨앗 혹은 원인도 없이 갑자기 튀어나오는 버섯과 같은 어떤 것에 대해서 이야기하는 것이 아니다. 우리가 깨달음을 성취할 수 있게 하는 궁극적인 일체지를 얻을 수 있는 토대 혹은 능력을 갖추고 있기 때문에 가능한 것이다.

두 번째 법륜에 속해 있는 문헌들은 현상의 공성에 관해서 설명하지만, 세 번째 법륜에 관련된《여래장경》과 다른 가르침들은 마음의 명료하고 밝게 빛나는 측면인 지혜를 강조한다.

붓다가 네 가지 성스러운 진리를 처음 가르치신 것은 네 가지 성스러운 진리가 모든 가르침의 토대이기 때문이다. 붓다가 그의 가르침을 보다 자세히 가르칠 때, 상대방의 능력과 자질에 맞게 가르치셨다. 그가 가르친 길은 아주 다양하고, 그가 말한 것은 누구에게 가르침을 주었느냐에 따라 심오함의 정도에 차이가 있다. 그러므로 어떠한 가르침들이 궁극적인 의미를 지니고 있으며, 어떤 가르침들이 특정한 자질을 지닌 어느 제자에게 알려준 것들인지 식별 하는 것이 중요하다. 만일 식별한 후 붓다의 가르침을 문자 그대로 받아들였다가 논리적이지 않거나 혹은 상호 모순된다는 것을 알았다면, 그러한 가르침은 특정한 사람들의 이해에 맞게 상대적으로 표현된 진리라고 이해해야 한다. 반면에 만일 그의 가르침이 문자 그대로 받아들여도 전혀 모순이나 오류가 없다면, 그러한 가르침은 궁극적인 진리를 가르치는 것으로 받아들일 수 있다.

신심(信心), 즉 믿는 마음은 불교에서 매우 중요한 것이지만, 지혜는 그보다 더 중요하다. 진실된 믿음은 합리적 사고에 기반한 것이어야만 한다. 단순히 맹목적으로 어떠한 깊은 고찰도 없이 "귀의합니다" 혹은 "믿습니다"라고 하는 것은 전혀 가치가 없다. 합리적인 탐구를 하지 않는다면, 붓다의 가르침이 특정한 상대에게 맞추어진 것, 혹은 상대적인 것인지, 아니면 궁극적인 의미를 가르치는, 문자 그대로 받아들일 수 있는 것인지를 전혀 분간할 수 없을 것이다. 이 때문에 불교의 경전은 다음과 같은 네 가지 의지처를 말하고 있다.

가르치는 사람에 의지하지 말고 가르침에 의지하라.
말에 의지하지 말고 뜻에 의지하라.
맞추어 설한 가르침에 의지하지 말고 궁극적인 뜻에 의지하라.
알음알이에 의지하지 말고 지혜에 의지하라.

일상의 지적인 이해와는 다르게, 마음의 참모습은 명료함과 앎으로 어떠한 장애물에도 걸림이 없다. 대승 불교의 수행은 전적으로 이 마음의 진면목에 대한 이해에 기반한다.

티베트에서 네 가지 성스러운 진리부터 무상요가 딴뜨라까지 붓다의 모든 가르침은 다음과 같은 순서로 다른 불교 전통에 의해 보전되어왔다. 첫 번째 단계는 성문승(聲聞乘)으로[07] 네 가지 성스러운 진리의 길을 가르친다.

두 번째 단계는 대승(大乘)으로 보시, 지계, 인욕, 정진, 선정, 지혜의 육바라밀(六波羅蜜)로 이루어져 있다. 세 번째 단계는 금강승(金剛乘) 혹은 진언승(眞言乘)으로 사마타와 위빠사나 그리고 행, 소작, 요가, 무상요가딴뜨라의 네 종류의 딴뜨라를 단계적으로 닦아 나아가는 것이다.

수 세기 동안 불교는 여러 나라에서 번성해왔지만, 성문승, 대승 그리고 금강승을 모두 온전하게 보전하고 있는 나라는 티베트였다. 사실 한 수행 기간에 이 세 단계의 수행을 모두 하는 것도 가능하다. 더불어 티베트의 학자들은 수행의 측면을 절대 소홀히 하지 않았으며, 숙련된 수행자 역시 학문을 소홀히 하지 않았다. 나에게는 이렇게 하는 것이 매우 바람직한 길이라고 생각한다.

시간이 지나면서 이 완벽한 전통 안에서 약간 다른 방식으로 가르침을 편 뛰어난 스승들에 의해 서로 다른 전승들이 일어났다.[08]

07_　역자주: 붓다의 가르침을 직접 들은 제자들.

08_　티베트불교의 종파란 자신의 스승으로부터 전수받은 가르침을 법제자에게 전하는 스승의 전통을 일컫는다. 종파는 어떤 특정한 문헌 혹은 일련의 가르침에 연관되어 있을 수 있다. 대부분의 종파는 붓다의 가르침까지 거슬러 올라갈 수

그렇게 티베트불교는 닝마빠의 오랜 전통[구파(舊派)]이 있고,[09] 까담, 사꺄 그리고 까규의 새로운 전통[신파(新派)]이 있게 되었다.[10] 현 겔룩빠 전통은 까담빠로부터 나온 것이다. 이러한 종파들 사이의 차이에도 불구하고, 이들은 모두 경전 전통을 따르는 현교(顯敎)와 딴뜨라의 전통을 따르는 밀교(密敎)의 전통을 잘 조화시켜 붓다의 가르침을 따르고 있다.[11] 뵌교의 전통은 불교가 티베트에 들어오기 이전부터 존재한 토속 신앙으로, 이 역시 붓다의 가르침의 완벽한 세트를 보전하고 있다.

《입보리행론》은 모든 티베트불교 종파의 스승들이 높이 추앙하는 논서이며, 아마도 그분들 중 백 명 이상의 스승들이 이 논서에 관한 주석을 쓰셨을 것이다. 내가 이 《입보리행론》에 대한 가르침의 전통을 꾼누 린뽀체로부터 전수받을 때, 그는 종종 잠양 켄체 왕

있다. 《입보리행론》에 대한 달라이 라마가 전승받은 전통은 샨띠데바로부터 나와 빠뚤 린뽀체로 이어지고, 다시 켄뽀 셍가(1872~1927), 꾼누 린뽀체 그리고 달라이 라마 자신에게로 이어진다.

09_ 역자주: 닝마빠 혹은 구파(舊派)로, 8세기에 샨따락쉬따(Śāntarakṣita)를 도와 토속종교인 뵌교를 신통력으로 물리친 밀교승인 빠드마삼바바(Padmasaṃbhāva)의 가르침에 근거하는 종파이다.

10_ 역자주: 신파(新派)란 랑달마의 폐불 이후 11세기 후반, 12세기 초부터 인도에서 히말라야산맥을 넘어온 스승들의 가르침에 근거한 종파들을 일컫는다. 간략한 티베트불교의 역사에 대한 소개는 다음을 참고할 것. 이종복, "종파로 보는 티베트불교", 불교평론, 2014 가을호.

11_ 역자주: 원저에는 현교와 대승이라고 했으나, 전후문맥상 현교와 밀교를 잘못 쓴 것이 분명하기 때문에 현교와 밀교로 한다.

뽀의[12] 제자인 미냑 꾼상 소남이[13] 쓴 훌륭한 주석서를 언급했다.

《입보리행론》은 붓다가 법의 바퀴를 세 번에 걸쳐 굴린 것을 응축하고 있다. 나는 《입보리행론》을 낭독해서 그대들이 가피의 원천인 정신적 전승을 받을 수 있도록 하겠다. 나는 이 논서를 글자 하나하나까지 설명하지 않는 대신 중요한 부분에 관해서 설명하도록 하겠다.

가르침을 받을 때 중요한 것은 올바른 마음가짐이다. 물질적인 이익 혹은 명성을 얻겠다는 생각을 가지고 듣는 것은 불법을 수행하는 것이 아니다. 우리의 목표는 천신 혹은 강력한 힘을 가진 사람들처럼 다음 생에 보다 나은 삶을 살기 위한 것이어서는 안 된다. 또한 우리만 윤회에서 벗어날 수 있기를 바라서도 안 된다. 이러한 것들은 모두 우리가 내쳐야 할 마음가짐이다. 그런 생각을 접고 셀 수 없이 많은 중생을 위해 일체지를 얻겠다는 굳은 서원을 세우고 가르침들을 들어야 한다. 이 목표를 성취하기 위해서는 이 논서에서 가르치는 심오하고 광대한 수행의 길을 반드시 닦아야만 한다. 만일 우리가 이러한 발심을 유지할 수 있다면, 우리가 하는 모든 바람직한 행동들이 수승한 깨달음의 원동력이 될 것이다. 이러한 소

12_ 잠양 켄체 왕뽀(1820~1892)는 지난 세기 티베트불교 중흥을 이끈 스님이다. 이 위대한 스승은 리메, 또는 초종파 운동을 창시한 분들 가운데 한 분이시다.

13_ 미냑 꾼상 소남은 근 20년간 빠뚤 린뽀체 문하에서 가르침을 받은 위대한 겔룩빠의 학승이다. 그의 《입보리행론》 주석서는 가장 상세하게 되어 있는 것으로 알려져 있다.

원이 자연적으로 이루어지지 않는다고 할지라도, 최소한 듣는 동안
에라도 바람직한 마음가짐을 기르도록 노력해야 한다.

달라이 라마의 입보리행론 강의

제 1 장

보리심의 이로움

《입보리행론》은 우리가 공양하는 수승한 분들인 붓다들과 보살들에게 귀의하며 게송을 시작한다.

> 1.
> 환희에 이르신 분들께, 그들이 지닌 법신(法身)에
> 그리고 모든 그들의 법의 상속자에게,
> 응당히 존경을 받을만한 분들께 경건히 예를 올립니다.
> 경전에 따라, 저는 이제 보살행의 수행을 간략히 설명하겠습니다.

환희에 이르신 분들이란 말은 붓다와 비슷한 말로, 산스크리트어로는 수가따(sugata, 善逝)이다. 이 말은 두 부분으로 이루어져 있는데 수가따의 수(su)는 '환희'를 뜻하고, 가따(gata)는 '도달하다, 이르다'라는 뜻이다. 따라서 수가따는 '환희에 이르신 분'이며, 다르마끼르띠(Dharmakīrti, 法稱, 600~660)의 《논리의 정수[正理一滴論, nyāyabindu]》에 따르면, "완벽하게 도달하신, 혹은 이르신 분"이다. 이 환희의 경지를 성취하는 것에는 두 가지 측면이 있는데, 그것은 깨달음과 제거이다.

마음의 자질이 점점 향상되고 마음을 가로막는 모든 장애물이 사라지면, 궁극적인 본성을 어떠한 장애 없이 볼 수 있게 된다. 그리고 현상의 본질을 명철하게 직관할 수 있는 능력도 점진적으로 얻게 된다. 이 현상을 있는 그대로 직관하는 것은 어떠한 착각도 없이 모든 현상을 아는 지혜이다. 이는 가려질 수도 없으며, 다시 퇴보하지도 않는다.

　　깨달음의 모습은 모든 현상이 실재하지 않는다는 것을 인지하는 상태를 일컫는다. 이 깨달음은 다양한 현상에 대한 통찰과 그 현상의 본질을 이해하는 완벽한 앎으로 이끈다. 여기서 앎이란 마치 발가벗은 것처럼 있는 그대로의 모습으로 현상을 직관하는 것을 말하며, 모든 현상의 완벽한 앎을 성취하는 것을 말한다. 이러한 '퇴보하지 않음[不退]', '투철함' 그리고 '완벽함'이라는 세 종류의 '앎'은 깨달음을 통한 환희 혹은 안락(安樂)의 증득이 가지고 있는 세 가지 특성이다.

　　이 올바른 이해는 수행을 통해 차근차근 이루어나갈 수 있다. 이 이해가 점점 더 강해지고 명확해지면, 자아와 현상이 실재한다는 미혹된 믿음이 점점 약해진다. 따라서 이 이해가 자아와 현상의 실재에 대한 잘못된 믿음을 치료하는 해독제 역할을 하게 된다. 이 해독제의 효력이 정점에 달하게 되면, '자성(自性)이 없음'을 보는 무분별지가 일어난다.[14] 이 지혜는 현상 그대로의 모습만을 보게 하며, 어리석음이라는 마음의 장애를 밀어내어 번뇌를 제거한다.

　　이는 다양한 수준의 삼매를 통해 번뇌의 힘을 일시적으로 약하게 하는 것에 관한 내용이 아니다. 무분별지를 통해 번뇌들을 제

14_　대승불교에서 '자성의 부재(티베트어: bdag med, 산스크리트어: nairātmya)'는 개개인의 에고뿐만이 아니라 모든 현상에도 해당된다. 이 맥락에서 자성이란 실존하는 혹은 본질적인 실재를 뜻한다. 보살은 자기 개인과 모든 다른 현상 속에 자성이 부재한다는 것을 깨달아야 한다.

거하면, 이 번뇌들은 영원히 사라진다. 어떠한 상황에서도 번뇌가 다시 일어나지 않는 것이다. 이 상태를 '불퇴전(不退轉)의 번뇌 소멸'이라고 한다. 이 수승한 무분별지가 수행을 통해 완벽해지고, 그 무분별지를 가로막던 모든 장애가 깨달음이란 해독제를 통해 제거되면, 우리는 번뇌의 제거가 완성됐다고 말할 수 있다.

불퇴, 투철 그리고 완벽이라는 세 가지 측면이 번뇌의 제거를 통한 깨달음의 세 가지 특성이다. 수가따는 따라서 이러한 세 가지 깨달음과 세 가지 제거를 통해 '도달한 자'인 것이다.

법신(法身, dharmakāya)을 지닌 이 수가따, 즉 선서(善逝)는 보살의 열 가지 경지 가운데 첫 번째에 이르러 번뇌를 버림으로써 출발한다.[15] 그리고 나서 그는 더 이상 닦을 것이 없는 경지[無學]에[16] 이를 때까지 불성을 성취하는 수행의 길을 나아간다. 그 경지에 올랐을 때, 그는 완벽하게 청정한 절대적인 공간, 절대적인 본성 그리고 절대적인 법신을 깨닫는다. 어리석음의 장애가 멀어짐에 따라 지혜의 모든 자질, 더 구체적으로 말하자면 법신의 스물한 가지 청정한 자질들이 일어난다. 모든 장애를 제거한 뒤에 남아있는 것을 '원초적인 지혜'라고 부른다.

법신에서 깨달음의 측면은 '네 가지 성스러운 진리[四聖諦]'

15_   첫 번째 경지: 용어 해설의 십지(十地, 보살의 열 가지 경지) 참조.
16_   역자주: 삼도(三道)인 견도(見道), 수도(修道), 무학도(無學道) 중 세 번째 경지를 일컫는다.

                                          달라이 라마의 입보리행론 강의

가운데 '괴로움이 소멸하는 성스러운 진리의 길[道聖諦]'의 정점이며, 제거의 측면은 '괴로움이 소멸하는 성스러운 진리[滅聖諦]'의 정점이다. 이 두 가지 진리가 붓다의 가르침, 즉 우리가 귀의하는 세 개의 보배인 삼보(三寶) 가운데 두 번째 보배, 법보(法寶)이다. 따라서 법신은 법보의 궁극적인 모습이다. 보신(報身, saṃbhogakāya)과 화신(化身, nirmāṇakāya)은 무학도(無學道)를 성취한 분들의 모임인 승가(僧迦, saṃgha)를 구성한다. 그리고 모든 결점에서 벗어나 모든 좋은 자질들을 갖춘 붓다는 도성제와 멸성제를 갖춘 분이다. 이 세 개의 보배, 붓다, 붓다의 가르침 그리고 무학도를 성취하신 분들의 모임인 승가는 절대적인 귀의처이다.

깨달음을 향해 정진하고 있는 대승 보살들, 성문승들 그리고 홀로 깨달은 벽지불(辟支佛 혹은 緣覺)들은 수승한 모임, 또는 승가라고 말한다. 샨띠데바는 이분들과 다른 모든 공경을 받을만한 분들에게 존경의 예를 표한다.

불법승 삼보에 귀의한 뒤, 샨띠데바는 이 논서에 보살들과 붓다의 가르침을 믿는 사람들, 즉 붓다의 상속자들이 실천한 내용을 담겠다는 의지를 분명히 한다. 붓다에게는 세 부류의 상속자들이 있다고 한다. 육신의 아들인 라훌라, 가르침의 상속자들인 성문과 벽지불들 그리고 붓다 마음의 상속자들인 보살들이다. 이 세 부류의 상속자들 가운데 제일 마지막 부류를 가장 중요한 상속자라고 하는데, 그들이 모든 중생의 이로움을 위해 불성의 모든 수승한 자질을 갈망하며, 연민과 공성(空性)의 완벽한 방편들을 실천에 옮기기 때문이다. 이들이 샨띠데바가 붓다의 상속자들이라고 일컫는 자들이며, 그들의 숭고한 수행과 실천의 길이 이 문헌에 포함되어 있다.

보살의 수행은 육바라밀(六波羅蜜) 혹은 십바라밀(十波羅蜜)의 수행으로 이루어져 있다.[17] 이는 다시 세 가지 수련으로 요약될 수 있는데, 나쁜 짓을 하지 말고, 선을 실천하며, 중생의 이로움을 위해 행동하는 것이다. 샨띠데바는 이 보살행의 길을 입문, 수행 그리고 성취의 세 단계로 설명한다. 입문은 보살의 원을 세우고, 보리심(菩提心, bodhicitta)이라고도 말하는 깨달음을 성취하려는 열망을 처음으로 인지하는 단계를 설명한다. 이 논서의 주요 부분은 발보리심(發菩提心), 즉 육바라밀 수행을 따르는 방법을 기술하고 있다. 이 수행의 목적인 불성의 성취는 제9장의 마지막 부분에 간략하게 서술되어 있다.

보살(bodhisattva)이라고 할 때, 이는 무엇을 의미하는가? 보디(bodhi)는 깨달음을 뜻한다. 이는 모든 결점을 여의고 모든 좋은 자질을 구족한 상태이다. 사뜨바(sattva)는 용기와 신념을 가지고 모든 중생을 위해 깨달음을 얻으려고 노력하는 사람을 일컫는다. 이렇게 모든 중생의 궁극적인 이익을 위해 자발적으로 깨달음을 얻겠다고 염원하는 사람들을 보살이라고 한다. 그들은 지혜로써 그들의 마음을 깨달음에 향하게 하고, 연민으로써 중생을 염려한다. 다른

17_   십바라밀은 육바라밀(용어 해설 참조)과 방편, 힘, 원력 그리고 지혜를 함께하는 것이다.

달라이 라마의 입보리행론 강의

이들을 위한 완벽한 깨달음의 발원을 '보리심'이라고 부르는 것이며, 이것이 보살행의 시작점이다. 수행자는 깨달음이 무엇인지 알아차림을 통해 이뤄야 할 목표뿐만 아니라 깨달을 가능성도 있다는 사실을 이해한다. 중생을 돕겠다는 열망으로 '그들을 위해 반드시 깨달음을 성취해야겠다!'는 생각을 한다. 그러한 생각이 바로 대승의 입구이다. 그러면 보리심은 두 배의 염원이 된다. 깨달음 그 자체를 이루겠다는 염원과 모든 중생을 위해 깨달음을 성취하겠다는 염원이다.

물론 깨달음을 얻겠다는 염원이 불분명하거나, 깨달음은 으레 성취해야 하는 것이라는 의무감을 느낄 수도 있다. 그러나 깨달음이 있고 성취할 수 있다는 확신이 없다면 절대 깨달음을 성취할 수 없을 것이다. 따라서 깨달음의 의미를 제대로 아는 것이 매우 중요하다.

이러한 맥락에서 두 번째 법의 바퀴에서 배치되어 있는 공성의 이해는 아주 중요하다. 모든 현상은 본디 공(空)하며, 자성이 결여되어 있다. 이는 반야경부(般若經部)의 경전과 나가르주나(Nagārjuna, 龍樹) 등이 명확하게 설명하고 있다.[18] 그러나 이 순간 우리의 지각은 어떠한가? 나가르주나가 말하는 공성은 지금 이 순간

18_ 나가르주나(1-2세기경)는 인도의 불교 스승으로 반야경부의 가르침을 널리 펴는 데 큰 공헌을 한 인물이다. 그의 공성에 대한 가르침은 중관(中觀, madhy-amaka) 혹은 중도사상(中道思想)의 근간을 이루었다.

우리가 실제로 보고 있는 것에 관한 내용이 아니다. 우리가 경험하고 있는 것은 그와 정반대이다. 우리는 현상을 공하게 바라보는 대신에, 모든 것은 존재한다고 본다. 만일 배움과 수행을 통해 현상의 본성은 공하다는 것을 이해하고 확신을 가질 수 있다면, 우리는 지금까지 우리가 존재한다고 생각했던 수많은 것들이 실제로 그렇지 않다는 것을 깨닫게 될 것이다. 이는 마치 물방울이 영원히 지속되리라는 어리석은 믿음에 사로잡혀 있는 자신을 자각하는 것과 같다. 이 어리석음[痴]과 무명(無明)은 지금까지 탐욕과 노여움의 근원으로 작용했다. 다시 말하면 이것이 윤회의 근원이다.

현상이 실재한다는 어리석음은 극도로 강력하다. 그러나 우리는 이것이 실수에 불과하다는 것을 명심해야 한다. 이 어리석음은 견고하지만 단지 우리가 제대로 인식한다면 그릇된 앎에 불과하다는 사실을 알 수 있다. 이와 정반대로 현상에 실재가 없다는 사실을 이해했다면, 어떠한 논박으로도 깨뜨릴 수 없는 진리를 인지했다고 말할 수 있다. 만일 어떤 이가 이 이해에 친숙해진다면, 진리를 향해 무한히 발전할 수 있을 것이다. 이 이해가 발전하고 점점 더 강력해지면 현상이 실재한다는 잘못된 믿음을 제거하는 해독제로 작용할 것이다.

우리가 이 오해를 완전히 소멸시킬 수 있을까? 이러한 가르침이 있다.

마음의 본성은 청정하고 빛난다.

비록 이 장애들이 아주 오랫동안 있어왔지만, 마음과 본성이 그와 같지는 않다. 따라서 현상을 제대로 볼 수 있는 올바른 직관력을 키우게 되면 이러한 장애들은 완전히 사라질 수 있다.

명료함과 앎을 특징으로 하는 마음의 본성은 흠이 없다. 마음의 본성은 어떠한 장애에도 영향을 받지 않는다. 정신적이든 마음 밖에서 일어나는 것이든, 어떠한 현상도 마음의 본성을 흔들 수 없다. 어떠한 것도 마음 그 자체의 특징인 본연의 자질을 바꾸어놓을 수 없다. 현상이 실재한다는 믿음은 잘못된 인식에 기반한 것이며, 마음의 본성과는 정반대이다. 그러나 현재 우리가 가지고 있는 조건들과 오랫동안 습관이 되어 온 인식의 방법 때문에 우리는 현상을 잘못 경험하는 것이다. 따라서 현상이 실재하지 않음을 간파할 수 있는 마음으로 현상이 실재한다는 잘못된 믿음을 부숴야 한다. 이 실재에 대한 잘못된 믿음은 너무나 강력하다. 하지만 마음 본연의 특징에 영향을 끼칠 수 없다. 미륵의 《구경일승보성론(究竟一乘寶性論)》에서는 이 내용을 다음과 같이 설명한다.

19_ 역자주: 이 게송에서 말하는 우연하다는 것은 부단한 수행을 통해 장애를 제거할 수 있는 가능성이 있다는 것을 뜻한다.

염오는 우연한 것이며

[마음 본성의] 자질들은 본래적인 것이다.

이 게송은 많은 생각을 불러일으킨다. 이러한 장애는 마음으로부터 떼어낼 수 있는 것이기 때문에 끊임없이 수행하고 해독제를 거듭해서 적용한다면 분명히 없앨 수 있다. 모든 번뇌는 뿌리째 뽑힐 수 있으며, 이 번뇌들은 마음의 본성에 침투할 수 없으므로, 아무리 흔적을 깊게 남겼더라도 제거할 수 있다.

마음이 이러한 번뇌와 습관적 성향으로부터 완전히 자유로울 때, 비로소 모든 현상을 이해할 수 있다. 더욱더 정진하면서 올바른 방편을 씀으로써 이러한 일체지를 얻을 수 있는 잠재된 힘을 깨울 수 있다. 오직 마음과 대상 사이를 가로막는 장막이 있기 때문에 우리가 모든 현상을 제대로 알 수 없는 것이다. 이러한 장막을 걷어낸다면, 더 이상 필요한 것은 없다. 바라봄과 인식함이 마음 자체의 특징이다. 마음이 존재하는 한, 마음은 앎의 능력을 갖추고 있다. 그러나 이 능력은 모든 장애가 사라질 때까지 그 본모습을 드러내지 않는다. 이것이 바로 깨달음을 의미한다. 만일 우리가 이러한 방식으로 생각을 한다면 깨달음을 향한 열망이 우리 안에서 점점 더 커질 것이다.

다른 중생의 이익을 위해 일하겠다는 염원에 대해서 논해보자. 이 염원은 우리가 그렇듯 인간을 포함한 모든 생명을 가진 존재들이 행복을 원하며, 괴로움을 원하지 않는다는 것을 깨닫는 것에서부터 비롯된다. 사실 우리 모두는 다른 존재들이 괴로움으로부터 벗어나기를 바란다는 면에서 연민을 가지고 있다. 이러한 감정들이 강하지 않고 대상의 범위도 좁을 수 있지만, 모든 이들은 어느 정도 연민의 감정이 있다. 예를 들어 어떤 사람이 고통받고 있는 것을 본다면, 순간적으로 '아 끔찍해!'라고 생각하고, 그 고통으로부터 그들을 구해주고 싶어 할 것이다. 우리 자신이 괴로움을 겪지 않고 행복하기를 바라듯이, 우리는 다른 이들도 행복해지기를 원하는 바람을 일으킬 수 있다. 지금은 아주 적은 연민과 자애를 가지고 있다 하더라도, 이 연민과 자애는 우리가 닦아 나아갈 수 있는 것이다. 이 연민과 자애의 마음이 커져가면서 다른 이들을 위해 일하겠다는 우리의 바람도 함께 커질 것이다.

깨달음을 얻겠다는 열망을 갖기 위해서 우리는 깨달음을 성취하면 무엇을 얻을 수 있고, 그렇지 못했을 때 잃는 것은 무엇인지 알아야만 한다. 설령 그 깨달음이 자신만을 위한 것이라도 말이다. 이를 위해서 윤회의 단점에 대해 생각해보자. 그리고 정반대인 열반(涅槃, nirvāṇa)의 단점에 대해서도 생각해보자. 바바비베카(Bhāvaviveka, 清辨, 490~570)의 《중관심론(中観心論, madhyamakahṛdayakārikā tarkajvālā)》은 이를 다음과 같이 읊고 있다.

그들은 [윤회의] 단점을 보기에
윤회를 피한다.
그들의 심장이 자애이기에,

열반도 그들을 붙잡아두지 못한다.
살아있는 존재의 행복을 바라는 현자는
심지어 윤회에도 머문다.[20]

보살들은 윤회에 머문다 하더라도 윤회의 감옥에 갇혀있지 않다. 그들은 윤회의 단점을 알기 때문이다. 그러나 커다란 연민의 마음 때문에 열반에 머물지도 않는다. 이 양쪽 모두에 문제가 있다는 것을 알기에 보살들은 이 둘을 초월한 깨달음을 열망한다.

따라서 우선 윤회에 무슨 문제가 있는지부터 알아야 한다. 윤회로 인해 깨달음을 얻고 싶다는 염원을 일으키기 때문이다. 우리는 반드시 윤회함으로써 겪는 괴로움이 무엇인지 곰곰이 생각해 보아야 한다. 그래야 다른 생명들도 윤회로부터 자유롭게 해주고 싶다는 열망을 일으킬 것이다.

더불어 만일 우리가 다음 생을 갈망하는 마음을 극복하고자 한다면, 반드시 현재 삶에서 무엇을 집착하고 있는지 대면해야 한다. 이렇게 한 단계 한 단계 마음을 길들여 가는 것이 중요하다.

보리심은 지혜가 깃들여진 매우 선한 마음의 상태이다. 여기에 자애가 함께 있는 것이다. 이는 정말 대단하다. 이러한 종류의 선함과 친절함이 빠르게 평화를 이룰 수 있도록 해주며, 우리가 덜 편협

20_ 역자주: 달라이 라마의 가르침처럼 윤회와 열반의 양 극단에 머물지 않는 무주처열반을 말하고 있다.

달라이 라마의 입보리행론 강의

해지고 덜 흥분하게 만들어 준다. 다른 이들을 만날 때, 폐소공포증을 느끼고 거리를 두려 하지 않는다. 그 대신 사람들에게 더 다가가려 한다. 이러한 마음을 가지고 있다면, 우리는 절대 두려워하지 않으며 용기 있는 사람이 될 것이다. 이는 매우 유용한 마음가짐이다.

《입보리행론》은 샨띠데바 혼자만의 생각을 모은 것이 아니며, 경전을 그대로 되 읊고 있는 것도 아니다. 그보다는 경전들의 가르침을 요약한 것이라고 할 수 있다. 그래서 샨띠데바는 다음과 같이 말한다.

2.
여기서 나는 이전에 듣지 않은 어떤 것도 말하지 않을 것이다.
그리고 내게는 게송을 지을 재주가 없다.
따라서 이 글이 다른 이들에게 이익이 될 수 있으리라는
생각도 내게는 없다.
이 글은 오직 내 마음을 길들이기 위해서 쓸 뿐이다.

"여기서 나는 이전에 듣지 않은 어떤 것도 말하지 않을 것이다. 그리고 내게는 게송을 지을 재주가 없다"는 부분은 단순히 자만심을 피하기 위한 것이다. 오직 지식만 쌓기를 바라는 사람들에게 샨띠데바는 새롭게 이야기해줄 것이 아무것도 없다. 그리고 그는 다른 이들을 도울 수 있으리라는 생각도 하지 않는다. 그가 이 논서를 쓴 이유는 그 자신의 수행을 더 나아가게 하기 위해서이며, 그와 같은 경

지에 있는 이들의 정진을 위해서이다.

《입보리행론》의 열 장 가운데 첫 번째 장은 보리심의 특징에 대해서 다루고 있다. 보리심을 닦을 예비 단계로, 수행자는 공덕을 쌓고 자신을 정화하기 위해서 일곱 가지의 수행법, 즉 칠지공양(七支供養)을 수행해야 한다. 이것이 '제2장 공양과 정화'의 주제이다. 세 번째 장에서는 보리심을 일으키는 방법을 설명한다. 그리고 이어지는 장들에서는 육바라밀의 수행을 통해 보리심을 증득하는 방법을 다루고 있다. 이 육바라밀의 첫 번째인 보시(布施)는 이 논서 전체에 걸쳐 논의하고 있는 것이라서 특별히 어떤 장에서만 논하지 않는다. 청정한 계율을 닦는 방법에 대해서는 불방일(不放逸)과 정지(正知)의 두 장에서 설명하고 있다. 그다음 장들은 인욕, 정진, 선정, 지혜의 네 가지 바라밀에 관해서 설명하고 있다.

끝으로 샨띠데바는 공덕을 모든 생명들의 이로움을 위해 회향하는 것으로 마무리 짓는다.

미냑 꾼상 소남은 빠뚤 린뽀체의 전통을 따라《입보리행론》의 구조를 샨띠데바의 유명한 게송을 중심으로 다음과 같이 설명한다.

고귀하고 수승한 보리심이
아직 일어나지 않은 곳에서 일어나기를
이미 일어난 곳에서는 절대 퇴보하지 않고
더욱더 자라나고 꽃피우기를 기원합니다.

아직 보리심을 일으키지 않은 사람들을 위해서 《입보리행론》은 어떻게 보리심을 일으키는지를 설명한다. 그러고 나서 불방일, 정지, 인욕의 세 장에서 보리심이 퇴보하는 것을 방지하는 내용에 관해 설명한다. 그리고 다음의 정진, 선정, 지혜의 장은 보리심을 쉼 없이 진전시키는 방법에 관해서 설명한다. 끝으로 결론을 짓는 마지막 열 번째 장에서는 일으키고, 퇴보를 막고, 계속해서 증장시킨 보리심을 다른 생명들과 나누는 방법과 보리심에 귀의하는 방법에 관해서 논하고 있다. 이것이 빠뚤 린뽀체께서 설명하시는 방식인데, 이러한 《입보리행론》의 구조 분석은 매우 심오한 것이다.

4.
정말 얻기 힘든 [불법을 만나는 인간의]
[여덟 가지] 여유와 [열 가지] 원만함을-21 받았으니,
만일 이번에 이 기회를 잘 이용하지 않는다면,

21_ 역자주: 불교에서는 중생이 환생하는 여섯 종류의 세계[六道]에서 불법을 배우는 인간의 몸을 가지는 소중함을 '여덟 가지 여유[八有暇]'와 '열 가지 원만[十圓滿]'으로 설명한다. 여덟 가지 여유란 ① 지옥, ② 아귀, ③ 축생, ④ 수라, ⑤ 천상의 다섯 가지 세계에 태어나지 않고 적당한 괴로움과 적당한 기쁨이 있는 인간계에 태어난 것, ⑥ 그릇된 견해를 가지지 않는 것, ⑦ 불법이 없는 시대에 태어나지 않는 것, ⑧ 불법을 이해할 수 있는 지적인 장애가 없는 것을 말한다. 열 가지 원만은 ① 인간으로 태어남, ② 부처님 법이 있는 곳에 태어남, ③ 몸이 온전함, ④ 다섯 가지 무간지옥에 떨어질 악업을 짓지 않음, ⑤ 부처님의 가르침에 신심을 냄, ⑥ 부처님이 오심, ⑦ 불법을 폄, ⑧ 불법이 세상에 아직 남아있음, ⑨ 불법을 따르는 이들이 있음, ⑩ 그들을 가르칠 스승들이 있음을 가리킨다.

나중에 다시 이런 기회가 오겠는가?

보리심을 닦기 위해서는 인간의 몸을 받아 총명하고, 원만한 환경
에서 태어나는 최고의 조건을 갖춰야 한다. 인간의 삶은 얻기 어려
우며 매우 고귀한 것이다. 이 인간의 삶을 헛되이 하지 말고 좋은 목
적을 위해 써야 한다.

5.
구름 덮인 어두운 밤에
번개의 섬광이 빛나면 순식간에 모든 것이 명징하게 드러나듯,
희유한 붓다의 위신력에 힘입어
가끔 세상 사람들의 마음에 공덕을 향한 마음이 잠깐 일어난다.

6.
따라서 공덕의 힘은 늘 약하며,
악행은 강력하고 끔찍하다.
이는 완벽한 보리심이 아니라면,
그 어떤 공덕이 악행을 뛰어넘겠는가?

과거에 우리가 행한 업 때문에, 선한 마음을 가진다는 것은 매우 드
물고 어려운 것이다. 반면에 나쁜 생각들을 가지기는 너무나 쉽다.
나쁜 생각의 방식이 우리가 지금까지 행해온 것이기 때문이다. 그

달라이 라마의 입보리행론 강의

러니 우리는 반드시 붓다를 공경하고 다른 생명들에게 연민의 마음을 내는 등의 선한 마음을 길러야 한다. 이를 통해서 우리는 보리심을 기를 수 있다.

우리의 나쁜 행동과 장애를 정화시키고, 궁극적인 행복을 얻으며, 다른 생명들을 돕는 데 있어 보리심만큼 강력한 것은 없다. 만일 우리와 다른 생명들을 윤회의 고통으로부터 벗어나게 하고자 염원한다면 반드시 보리심을 길러야 한다. 그렇게 하는 순간, 보리심의 무한한 자질은 대단해서 우리가 여전히 괴로움에 속박된 평범한 존재로 보일지라도, 우리는 인간과 천상의 공경을 받는 붓다의 아들딸들로 찬탄 받을 것이다.

우리의 마음에서 보리심은 아직 자연스럽게 일어나지 않을 것이다. 그렇기 때문에 보리심은 우리가 의식적으로 끌어내야 한다. 우리가 이 훌륭한 마음가짐을 알아차리고 기르기 시작하면 경배, 순례, 경전의 독송, 보시행 등 우리가 행하는 모든 선한 행동들이 남들에게는 똑같게 보이더라도 훨씬 더 대단한 결과를 일으킬 것이다.

보리심에는 열망과 실천이라는 두 가지 측면이 있다. 열망이란 단순히 모든 중생을 위해 깨달음을 얻겠다는 소망, 깨달음의 길을 걷겠다는 의지이다. 실천은 보리심의 서원을 일으키고 행동으로 실천하는 것을 말한다. 열망은 어디를 가고자 하는 생각이며, 실천은 실제로 그곳에 가는 것이다.

보리심을 발원만하더라도 좋은 자질들이 막대하다. 하물며 서원을 세우고 실천하는 보리심의 자질들은 어떻겠는가! 서원을 세우는 그 순간부터 보살이 행하는 모든 행동은 순전히 의지의 힘만으로도 지대한 공덕을 일으킬 것이다. 그리고 어려움으로부터 한 생명을 구해주기 바라는 마음에도 큰 공덕이 있다면, 셀 수 없는 수의 중생에게 끊임없는 도움을 주고자 하는 공덕에 관해서는 더 말할 필요가 있겠는가.

　　그러한 보살들을 부정적으로 생각하는 것은 매우 심각한 결과들을 초래한다고 전해진다. 따라서 이러한 잘못으로부터 우리를 보호하도록 매우 주의를 기울여야 한다. 그리고 특별한 이유가 없다면 절대 다른 사람들의 잘못을 꼬집지 말아야 한다. 지혜로운 초대 달라이 라마 겐뒨 둡빠는 "모든 존재에 감사하라. 모든 수행자들을 청정한 눈으로 보라. 내면의 적을 잠재워라"라고 말씀하셨다.[22] 이분의 가르침을 따르자.

22_　겐뒨 둡빠(1391~1474)는 달라이 라마의 칭호를 받은 환생신들 가운데 제1대이다. (달라이 라마의 칭호는 3대째부터이다.) 그는 따라서 '초대' 달라이 라마이다.

　　　　　　　　　　　　　　　　달라이 라마의 입보리행론 강의

제 2 장

공양과 정화

붓다의 가르침에 따르면, 마음을 길들이는 것은 점진적인 과정이다. 우리는 우선 우리의 가장 큰 오점들을 제거함으로써 자신을 정화해야 한다. 그리고 우리가 이미 가지고 있는 몇몇 좋은 자질들을 확장시킴으로써 좋은 자질들을 계발해야 한다. 나가르주나의 수제자인 아리야데바(Āryadeva)[23]는 이렇게 말한다.

> 첫째, 악행을 버린다.
> 다음으로 거친 자아의 개념을 버린다.
> 마침내 모든 극단의 개념을 버린다.
> 이것을 알고 있는 이는 지혜롭다.[24]

이것은 지혜로운 이가 택해야만 하는 수행의 길이다. "첫째 악행을 버린다." 궁극의 일체지를 얻기 위해서 그리고 이를 통해 모든 생명들에게 이로움을 주기 위해서는 인간의 몸을 가지는 것이 중요하다. 이것이 깨달음을 향한 수행을 하는 데 있어 가장 훌륭한 토대이

23_ 아리야데바(Āryadeva, 提婆 혹은 聖天, 2세기)는 나가르주나의 업적을 이어서 중관의 가르침을 더 자세히 가르쳤다.

24_ 역자주: 아리야데바의《사백관론(四百觀論)》8장에 속하는 게송 제190번으로, 겔룩빠의 시조 쫑카빠의 직제자인 겔찹제에 의하면, 제자를 가르치는 세 가지 단계가 있다고 한다. 첫 번째 단계는 선행과 악행의 종류 그리고 그 원인과 결과를 가르쳐 악행을 버리게 해야 하고, 두 번째 단계에서는 오온(五蘊)의 관을 가르쳐 자아의 개념을 제거하고, 마지막으로 세 번째 단계에서는 미세한 무아(無我)의 가르침을 펴서 모든 극단에 집착하는 견해를 타파하는 것이다.

기 때문이다. 환생할 때 인간의 몸을 가지기 위해서는 윤회하면서 저급한 생명의 몸[三惡道]으로 태어나도록 이끄는 악행들을 피해야만 한다.

"다음으로 거친 자아의 개념을 버린다." 악행을 버리고 나서, 우리는 그 악행의 원인들인 번뇌를 버려야 한다. 이 번뇌를 치유할 유일한 해독제는 현상에 실재가 없음을 아는 지혜이다. 나가르주나와 그의 법을 잇는 제자들에 따르면, 번뇌의 뿌리는 현상이 실재라고 믿는 어리석음에 있다. 이러한 잘못된 관점에는 알아차리기 쉬운 조잡한 것들과 알아차리기 어려운 미세한 것들이 있다. 그러나 실재한다는 개념을 제거하기 위해서는 우선 반드시 실재, 혹은 자아가 있다는 잘못된 믿음을 버려야 한다. 그렇지만 단순하게 이 문제를 막연히 이해하는 것으로는 충분하지 않다. 우리의 이해와 식견을 정제해야 하며, 이를 통해 미세한 지혜를 얻음으로써 자아의 관념을 제거해야 한다.

"마침내 모든 극단의 개념을 버린다." 깨달음을 얻기 위해서, 우리는 반드시 번뇌와 번뇌의 원인들을 제거해야 하며, 그와 더불어 자아가 실재하지 않다는 앎을 어둡게 하는 잘못된 습관 역시 제거해야 한다. 우리가 이러한 장애들을 제거하면 일체지를 얻을 것이다. 이를 가능하게 해주는 수행의 길은 현상에 실재가 없다는 것을 이해하는 지혜이다.

명상을 통해 우리는 공성의 관점을 공고하게 만들 수 있다. 연민이 스며들어 있고 쌓아 올린 공덕과 결합되어 있는 이러한 수승한 관점은 지혜를 가리는 장막을 파괴한다. 이러한 명상의 목적은 우리 자신의 번뇌와 습기에 대한 직접적인 해독제이자, 모든 다른 존재들의 장애에 대한 간접적인 해독제로써의 역할을 한다. 이 목적이 성취되었다면, 공성의 분별 개념을 포함한 모든 분별 개념들이 반드시 사라질 것이다.

"이것을 알고 있는 이는 지혜롭다." 이는 깨달음을 향한 길의 다른 단계들과 그 요점을 아는 사람들 그리고 올바른 순서로 닦아 완전한 깨달음을 얻은 사람들을 일컫는다. 따라서 깨달음의 길을 어렴풋하게 알거나, 띄엄띄엄 아는 것에 안주하지 않고 올바른 수행 방법을 아는 것이 매우 중요하다. 《입보리행론》은 깨달음의 길 전체에 관해 완벽하게 설명해준다. 그러니 부디 우리의 부모이기도 했을 모든 무한한 중생을 깨달음으로 이끌겠다는 굳은 의지로 《입보리행론》을 공부하기 바란다.[25]

만일 다른 생명들을 돕고자 한다면, 반드시 그들을 괴로움으로부터 벗어나게 해줄 수 있어야 하며, 그들의 무지를 쳐낼 수 있어야 한다. 이는 우리 자신이 반드시 진정한 깨달음을 성취해야 한다는 것을 뜻한다. 그리고 이 깨달음은 오직 쉼 없는 노력, 즉 정진(精進)과 더불어 명징한 식견과 마음의 고요함의 닦음을 통해서만 가능하다. 이것이 보리심을 닦고 중생을 돕기 시작하는 방법이다.

25_　다른 생명들이 한때 부모였을 것이라고 여기며 연민과 그들에 대한 관심을 넓히는 전통적인 방법에 관해서는 8장을 참조하라.

보리심의 서원을 세우기 전에, 우리가 명심해야 할 것은 무엇을 목표로 하는지 그리고 어떻게 나아가야 하는지이다. 그러고 나서 칠지공양송(七支供頌)을 낭송하며 우리의 생각이 보리심의 수승함을 향하도록 한다.[26] 칠지공양의 첫 번째는 귀의이다.

1.
[최상의 안락에] 잘 가신 분, 붓다께,
결점 없고 매우 희귀하고 고귀한 가르침에
그리고 좋은 자질의 바다인 붓다의 자손들께,
이 고귀한 마음가짐을 가질 수 있게 해주신 이들께
구족의 공양을 올립니다.

이 뒤에 다음과 같은 게송이 나온다.

2.
모든 종류의 과일과 꽃,
모든 종류의 의약품,
그리고 세상에 있는 모든 값진 보석들과 함께

26_　칠지공양(七支供養)은 다음과 같은 일곱 가지를 통해 자신을 정화하고 공덕을 쌓는 방법이다. 일곱 가지란 귀의(절), 공양, 참회, 다른 이들의 공덕에 대한 찬탄, 법문을 청함, 붓다와 다른 스승들이 이 세상에 남아있기를 청함 그리고 자신의 공덕을 모든 생명의 깨달음으로 회향하는 것이다.

신선한 청정수를 올립니다.

3.

값진 보석으로 이루어진 모든 산,

온갖 단 것과 호젓한 숲,

꽃들로 장엄한 극락의 나무들,

완벽한 과일들에 가지를 늘어뜨린 나무들,

4.

천상과 다른 세계의 향기로운 내음,

모든 향, 여의수(如意樹), 보석의 나무[寶樹],

농부의 손길 없이 자라는 모든 농작물

그리고 공양 올릴만한 가치가 있는 모든 호화로운 사물들,

5.

연꽃으로 장엄되고

물새의 달콤한 노래에 즐거운 호수와 연못들

가없는 하늘의 끝까지 존재하는

주인이 정해지지 않은 모든 것들을

6.

그 모든 것을 내 마음에 들고서,

강력한 성인, 인류의 최고봉이신 분께,

그리고 그의 상속자들에게 저는 완벽한 공양을 올립니다.

공양을 받으시는 수승하신 분, 자비로운 세상의 스승,

아, 사랑으로 저를 여기소서. 제 공양을 받으소서!

여기서 우리는 우리가 가진 모든 것들과 더불어 다른 이들이 가지고 있는 것들과 누구에게도 속해있지 않은 것들을 공양 올린다. 그러고 나서 우리의 몸을 공양 올린다. 우리가 완벽한 몸을 가지고 있든, 가지고 있지 않든 간에 우리는 진심으로 공양 올려야 한다. 다음으로 향기로운 물의 목욕, 천상의 의복, 최고의 향수, 향, 공경의 노래 등을 공양 올린다.

　이러한 모든 공양을 올릴 때 중요한 것은 양이 아니라 질이다. 여기서 질이란 공양으로 올리는 물질과 공양을 올리는 마음을 뜻하는 것이다. 공양으로 올리는 공양물들은 반드시 정직한 방법으로 얻어진 것이어야 한다. 공양을 올리는 우리의 마음은 득과 실, 즐거움과 고통, 칭찬과 비판 그리고 명예와 불명예라는 여덟 가지 세상의 관심거리[俗世八法]에 의해 더럽혀지지 않아야 한다.

　세상의 아름다운 경치와 주인이 없는 다양한 우주 등 다른 이들에게 속해있지 않은 공양물에 관해서 이야기할 때, 언뜻 우리하고 전혀 관계가 없다는 생각을 하게 될 것이다. 우리가 가지고 있지 않은 것을 마음으로 공양 올리는 게 무슨 소용이 있을까 하는 생각이 들 것이다. 아비달마에서는[27] "모든 세계는 업의 결과이다"라고 말한다. 또한 짠드라끼르띠(Candrakīrti, 月稱)는《입중론(入中論, madhyamakāvatāra)》에서 다음과 같이 말한다.

무한히 다양한 생명들과 우주들은
마음이 만들어낸 바이다.
모든 우주와 생명들은 업의 결과이다.

우리가 살고 있고, 공통으로 인식하는 우주는 공통의 업의 결과이다. 마찬가지로 우리가 미래 생에 경험할 장소들 역시 우리가 그곳에 사는 다른 생명들과 공통으로 가지고 있는 업의 결과이다. 인간이든 아니든, 각각의 행동들이 우리가 살고 있는 세계를 이룬다. 우리가 살고 있는 세계는 우리 모두 공통의 책임이 있으며, 그 안에 있는 모든 것이 연결되어 있다. 이것이 우리가 주인이 정해져 있지 않은 아름다운 경치 등을 공양물로 올릴 수 있는 이유이다.

다음으로는 귀의(절)의 가지이다.

24.
과거와 현재와 모든 미래의 붓다께

27_ 아비달마(阿毘達磨, abhidharma)는 붓다의 가르침의 한 부분으로 불교의 형이상학과 불성을 성취하기 위한 다양한 수행의 길의 단계를 설명한다.

달라이 라마의 입보리행론 강의

그리고 불법과 수승한 승가에
먼지 알갱이처럼 많은 몸으로
땅에 엎드려 절하고 예경합니다.

절은 거만과 자만의 해독제이다. 스승이 가르침을 펴기 전에, 스승들은 우선 그들이 앉을 자리에 절을 한다. 자기가 앉을 자리에 절을 하는 이유는 절을 하는 것이 그들이 가지고 있을 지도 모를 자만으로부터 보호해주는 역할을 하기 때문이다. 여기서 우리는 반드시 자만과 자신감을 구분해야 한다. 자만은 바람직하지 못하다. 그 반면에 우리는 반드시 자신감과 그 자신감으로부터 나오는 내면의 힘을 가질 필요가 있다.

　참회의 가지는 귀의 다음에 따라온다.

26.
깨달음의 정수에 이를 때까지,
붓다께 귀의합니다.
또한 불법과 모든 보살들의 수승한 모임에도
이와 같이 귀의합니다.

제대로 된 참회를 하기 위해서는 네 가지 힘을 통해 해야 한다. 네 가지 힘 가운데 첫 번째는 붓다[佛], 붓다의 가르침[法], 붓다의 가르침을 따르는 거룩한 대중[僧]을 가리키는 삼보(三寶)에 귀의하고 보리심을 일으키는 토대의 힘이다. 두 번째는 우리가 지금까지 저질러 온 모든 부정적인 행위들을 깊이 그리고 진실하게 참회하는 데서 나오는 힘이다. 이는 악행의 나쁜 결과에 대한 사색을 필요로 한다. 세 번째는 목숨이 걸린 일이라 할지라도 절대로 두 번 다시 그러한 악행을 하지 않겠다는 굳은 맹세에서 나오는 힘이다. 네 번째는 절, 만뜨라의 암송 그리고 특정한 정화의 수행과 같은 해독제의 힘이다.

악행의 부정적인 결과에 대해서 사색해보는 것과 동시에, 참회를 보다 깊고 강력하게 만들어야 한다. 이는 우리가 죽음을 피할 수 없다는 사실과 그 죽임이 언제 닥칠지 모른다는 불확실성에 대한 사색으로 일어날 수 있다. 죽음의 순간에 다다랐을 때, 우리의 미래는 오직 우리가 해온 선행과 악행에 의해 결정될 것이다.

33.
우리는 제멋대로인 죽음의 왕 [야마(yama)]를 믿을 수 없다.
일이 완료되든 아직 진행 중이든, 그는 기다리지 않을 것이다.
건강하든 아프든 간에, 따라서 누구도
우리의 덧없는, 순간의 삶을 믿을 수 없다.

34.
그리고 우리는 시간이 지나면, 모든 것을 내려놓아야 한다.
그러나 나는 [진리에 대한] 이해 없이,
친구든 적이든 가리지 않고 그들에게

너무나 많은 악행을 조장하고 저질러왔다.

35.
그러나 나의 모든 적들은 사라질 것이며,
나의 모든 친구들도 사라질 것이며,
나 역시 사라질 것이며,
모든 것 역시 사라질 것이다.

38.
나 역시 순식간에 지나가는 것에 불과하다는 생각이
전혀 내 마음에 들어오지 않았다.
그렇게 증오, 탐욕, 어리석음을 가지고
많은 죄업을 지어왔다.

만일 우리가 죽음을 이렇게 생각한다면, 자연스레 과거의 악행들을
후회하고 이 악행들을 완전히 정화할 수 있을 때까지 좌불안석을
못하며 그들을 재빨리 고백할 수 있기를 바랄 것이다. 이것이 샨띠
데바가 말하는 절박함이다.

47.
그러나 오늘부터 나는
모든 존재의 수호자, 모든 [윤회에서] 방황하는

이들을 보호하기 위해 애쓰시는,

모든 두려움을 산산이 조각내실 힘 센 분께 귀의할 것이다.

우리의 귀의처인 붓다는 네 가지 마장(魔障)을 정복했다. 네 가지 마장이란, 오취온(五趣蘊), 번뇌, 죽음 그리고 자만심[我慢]이다.[28] 그에게 위대한 연민의 마음이 없었다면, 우리는 그의 가호에 의지할 수 없었을 것이다. 그가 보리심을 일으킨 순간부터 깨달음을 성취한 순간까지, 붓다는 모든 생명의 근기(根氣)에 맞춰 그들을 돕고자 끊임없이 행하셨다. 이 때문에 그는 모든 존재의 수호자라고 불린다. 그러니 이 강력하고 자비로운 붓다께, 모든 공포를 떨굴 수 있는 분께 지금부터 우리는 귀의해야 한다. 우리는 또한 그의 가르침과 그의 가르침을 아는 보살의 승가에 귀의해야 한다.

붓다에 대한 귀의에 대해서 디그나가(Dignāga, 陣那)는[29] 《집량론(集量論, pramāṇa-samuccaya)》에서 다음과 같이 말한다.

그는 진실한 분이 되셔서,

중생을 도울 방법을 알고 계신다.

28_ 여기서 "마장"은 종종 불교에서 수행의 진보를 방해하는 모든 장애를 지칭하는
     말로 사용된다. 이러한 장애들은 우리의 마음과 업으로부터 나타나는 것이다.
     이들을 외부에서 우리를 협박하는 적대적이고 살아 움직이는 존재로 생각하면
     안 된다.

29_ 5~6세기에 활동한 인도 승려이다.

나는 붓다, 잘 가신 분, 수호자에게
귀의한다.

여기서 붓다가 진실한 분이라는 것은 그가 괴로움과 공포로부터 자
유로워졌으며, 다른 생명들을 그로부터 자유롭게 해 줄 방법을 알
고 있다는 뜻이다. 그는 모든 생명들에 차별을 두지 않고 도우며, 위
대한 연민으로 보호가 필요한 이들을 돕는다. 그러나 붓다는 영원
히 존재하는 창조주처럼 돌연히, 어떠한 원인도 없이 나타나는 존
재가 아니다. 그가 진실한 귀의의 대상이 될 수 있는 것은 명확한 직
접적인 원인[因]과 간접적인 연(然)의 결과이며, 본질적으로는 다른
생명들을 돕고자 하는 그의 열망의 결과이다. 붓다 자신이 행복을
바라고 괴로움을 피하고자 하는 보통의 중생이었을 때, 그는 이러
한 생각은 모든 생명들이 공통으로 가지고 있는 것이라는 점을 깨
달았으며, 크나큰 연민의 마음으로 모든 생명을 슬픔으로부터 자유
롭게 해주고 행복을 가져다주겠다고 결심했다.

　　그러나 다른 생명들을 돕기 위해서는, 단순히 바라는 것만으
로는 부족하다. 때로는 이타적인 생각이 집착이 될 수 있고, 우리의
불안을 가중시킬 수 있다. 그러한 긍정적이고 선한 생각이 지혜와
함께할 때, 우리는 다른 존재들을 효과적으로 돕는 방법을 알게 되
고 실천에 옮길 수 있게 되는 것이다. 위대한 연민의 마음으로 움직
이는 붓다는 중생이 괴로워하는 모습을 보고, 그들의 괴로움의 원
인은 요동치는 그들의 마음을 자제하지 못해서 생긴다는 사실을 알

기 때문에 그들을 도와줄 방법도 알고 있다. 붓다는 궁극적으로 현
상의 본모습에 대한 잘못된 믿음인 어리석음 때문에 그들의 마음을
자제하지 못한다는 것을 알고 있었다. 또한 공성의 지혜로 이 어리
석음을 없애는 방법도 알고 있었다. 붓다는 중생이 무엇을 해야 하
고, 무엇을 피해야 하는지를 보여줄 뿐만 아니라, 무엇보다도 그들
에게 공성을 깨닫는 지혜를 보여주는 분이었다.

　　이를 위해서, 샤까무니 붓다는 사성제(四聖諦)와 열여섯 가
지 속성[十六行相]이라는 단계적인 가르침을 폈다.[30] 우선 붓다는 깨
달음의 길에 아직 들어서지 않았지만 마음은 무르익은 사람들을 모
아 무상함과 괴로움을 가르쳐서 그들의 생각을 윤회로부터 멀어지
도록 바꾸었다. 그러고 나서 그는 현상에 실재가 없다는 것을 가르
침으로써 그들의 마음에 공성의 이해가 일어나도록 하고 궁극의 자
유를 향하도록 이끎으로써 그들을 윤회에서 해방시켰다.

　　우리가 붓다를 스승이라고 부르는 것은 그가 우리에게 무엇
을 피할 것이며 무엇을 취할 것인지를 보여주었기 때문이다. 스스
로 모든 이분법적인 사고가 사라지는 지점까지 공성을 이해하는 위
없는 지혜를 일구었으며, 그의 가르침은 완벽했다. 자신의 경험을

30_　사성제의 열여섯 세부적인 분류는 다음과 같다. 괴로움이라는 성스러운 진리
　　[苦聖諦]는 괴로움, 무상, 공성 그리고 실재의 부재, 즉 무아(無我)이며, 괴로움
　　의 근원이라는 성스러운 진리[集聖諦]는 직접 원인[因], 일어남, 강력한 일어
　　남 그리고 간접 조건[緣]이다. 괴로움의 소멸이라는 성스러운 진리[滅聖諦]는
　　속박을 끊음, 번뇌의 진정, 상서로운 경지 그리고 완전한 해방이며, 길이라는 성
　　스러운 진리[道聖諦]는 수행, 적절함, 완수, 해탈을 말한다.

바탕으로 그는 다른 이들의 모든 괴로움을 떨치게 했고, 의지처를 주었다. 그러나 평범한 삶을 사는 우리가 다른 사람의 말을 듣고 사실인지 알아보기 전까지 믿지 않듯이, 우리는 반드시 붓다의 가르침을 잘 점검한 뒤에 받아들여야 한다. 넓게 말하자면, 이러한 가르침은 두 가지로 나눌 수 있다. 하나는 보다 나은 삶으로 태어나 한시적인 행복을 누리는 법을 가르친 것이고, 다른 하나는 불성이라는 궁극적인 자유로 향하는 길을 가르친 것이다.

《입능가경(入楞伽經, Laṅkāvatāra Sūtra)》은 다섯 가지 승(乘)을 가르친다. 인간과 천상, 범천(梵天, Brahma), 성문(聲聞), 벽지불(辟支佛) 혹은 연각(緣覺) 그리고 보살(菩薩)이 그 다섯이다. 첫 번째 두 가지, 즉 인간과 천상의 승(乘) 그리고 범천승(梵天乘)은 불교와 불교가 아닌 다른 종교에 공통으로 있는 것이다. 마지막 세 가지는 불교의 깨달음의 길에만 있는 해탈과 공성에 대한 가르침이며, 이것이 우리가 붓다의 교리라고 하는 것이다.

우리는 하나의 가르침을 점검할 때, 반드시 그 가르침의 요체를 분석해야 한다. 만일 가르침을 분석해도 오류가 없고, 옳다고 판명되면, 그다지 중요하지 않은 세세한 모순은 부차적인 것이다. 《논리의 정수[正理一滴論]》는 이렇게 말한다.

만일 요체를 믿을 수 있다면,
나머지는 부차적이다.

그리고 붓다도 이렇게 말했다.

비구들이여, 금을 검사해보아야
그 질을 알 수 있는 것처럼,
그대들은 내 말을 점검해야 한다.
지혜로운 이들은 내 말을 단순히 존경하기 때문에
받아들이지는 않는다.

붓다를 존경한다고 붓다의 가르침을 문자 그대로 받아들이지 말라. 그 가르침을 점검하고 오직 당신이 그렇게 해야 할 만한 정당한 이유가 있다고 이해할 때만 존중하라. 물론 믿음은 수행에 있어 아주 중요한 요소이긴 하지만, 붓다를 맹목적으로 믿는 것은 충분하지 않다. 우리는 반드시 그의 가르침을 존경할 만한 타당한 이유를 가지고 있어야 한다. 붓다의 가르침 속에서, 특히 모든 대승불교의 가르침 속에서 제일 중요한 것은 논리적인 점검을 고수하는 것이다.

불교 논리학 논서들은 결과에서 드러나는 측면과 숨겨진 측면이라는 두 가지에 관한 것이다. 우리와 같은 보통 존재들에게 있어, 불성이라는 결과는 가려진 채로 있다. 만일 우리가 길을 잃지 않고 불성을 깨닫기 바란다면, 반드시 방편과 지혜를 통합한 길을 걸어야 한다. 이 길은 타당한 원칙들에 기반한 것이며 현상의 진면목을 제대로 반영한 것이기 때문이다.

올바르게 수행하기 위해서는 어떠한 수행의 길을 걷든, 상

달라이 라마의 입보리행론 강의

식과 상반되는 것을 해서는 안 된다. 불교 전통 안에는 중생의 다양한 성향과 받아들일 수 있는 능력에 따라 적용할 수 있는 많은 가르침들이 있다. 이것이 성문(聲聞), 벽지불(辟支佛), 보살(菩薩)의 다른 승(乘)이 있는 이유이다. 같은 이유로, 대비바사론부(大毘婆沙論部, Abhidharma Mahāvibhāṣa Śāstra), 경량부(經量部, Sautrāntika), 유가행부(瑜伽行部, Cittamātra) 그리고 중관부(中觀部, Madhyamaka)의 네 학파와 그들 안의 다양한 분파들이 일어나 중생의 다양한 지적인 능력에 응하고 있는 이유이기도 하다.

제 3 장

보리심 제대로 이해하기

보리심을 일으키는 것, 즉 발보리심(發菩提心)을 설명하는 세 번째
장에서 산띠데바는 즐거움에 관한 이야기로 시작한다.

1.
악도(惡道)에³¹ 있는 모든 중생의
고통을 덜어주는 공덕과
괴로워하는 이들이 환희에 머묾에
나는 기뻐서 즐거워하네.

2.
깨달음을 일으키는 공덕의 쌓임을
나는 즐거워하네.
생명을 가진 이들이 윤회의 고통에서
확실히 벗어남을 나는 즐거워하네.

3.
수호자들의 깨달음과
승리자의 자손들(보살들)에 대해 나는 즐거워하네.

31_   역자주: 지옥, 아귀, 축생의 삼악도(三惡道)를 뜻한다.

4.

[붓다와 보살들의] 모든 중생을 환희에 머물게 하겠다는
수승한 마음의 일으킴인 공덕의 바다와
중생을 돕기 위한 [그들의] 실천에
나는 기뻐서 즐거워하네.

우리가 타인의 덕(德)과 선행을 즐거워할 때, 우리 자신을 위한 공덕을 쌓는다. 우리의 선행을 즐거워함으로써 그 결과를 증장시킨다. 만일 우리가 가지고 있는 몇몇 덕을 자랑하고 다른 사람의 공덕을 시기한다면, 불교를 실천하는 사람이라고 불릴 자격이 없다. 그러므로 우리는 모든 선행을, 그 행이 붓다가 행하는 것이든, 보살이 행하는 것이든, 아니면 평범한 존재가 하는 것이든 가리지 말고 기뻐해야 한다.

다음으로 붓다들에게 불법의 바퀴를 굴리고 열반에 들지 말아달라는 요청을 한다. 이는 공덕의 회향 다음에 나온다.

5.

나는 온 사방에 계시는 붓다께
두 손 모아 기도드리니,
고통받고 어리석음에 헤매는 중생을 위하여
법의 등불을 밝히소서.

6.

열반에 들려 하시는 승리자께
두 손 모아 기도드리니,
눈 멀어 헤매는 우리를 떠나지 마시고
무량수의 겁 동안 [우리 곁에] 머무소서.

7.

이와 같은 것들을 모두 실천하며
모든 공덕을 나는 쌓았네.
그러니 모든 중생의 모든 고통을
없앨 수 있기를!

이제 발원(發願)과 실천의 두 가지 보리심을 실제로 일으키는 내용을 시작한다.

22.[32]

과거의 붓다들께서
보리심을 일으키시고

보살의 계를
차례차례 닦은 것처럼

23.
이와 같이 중생의 이익을 위해
보리심을 일으키리.
이와 같이 보살의 계를
차례차례 닦으리.

발원의 보리심은 과거의 불보살들이 그러했던 것처럼 보리심을 일으키겠다는 서원이다. 실천의 보리심은 모든 중생을 위하여 깨달음의 길을 닦는 데 필요한 모든 행을 성취하겠다는 다짐이다.

오늘날 우리는 오직 보리심의 서원만을 세워야 한다. 그렇게 하기 위해서는 《입보리행론》의 2장부터 3장 23번 게송의 두 번째 줄까지 읽어야 한다. 그 뜻을 음미해가면서 읽은 후 우리가 실천한 것을 기뻐한다.

이 서원을 세우기 위해서, 우리는 붓다와 그의 여덟 제자,[33]

33_ 여덟 제자란 여덟 명의 보살들로 문수보살(文殊菩薩), 관세음보살(觀世音菩薩), 집금강보살(執金剛菩薩), 허공장보살(虛空藏菩薩), 지장보살(地藏菩薩), 제개장보살(除蓋障菩薩), 미륵보살(彌勒菩薩) 그리고 보현보살(普賢菩薩)이다.

여섯 가지 보배,[34] 산띠데바를 포함한 두 수승한 스승들이[35] 우리의 앞에 있다고 관(觀)해야 한다. 그리고 불교의 모든 깨달은 스승들, 특히 티베트불교 전통에서는 사꺄빠, 겔룩빠, 까규빠, 닝마빠의 수장들을 말한다. 사실 모든 붓다와 보살들이 우리의 앞에 있다고 관해야 한다. 또한 우리가 이 우주의 모든 중생에게 에워싸여 있다고 여긴다. 이렇게 관하면서 이제 일곱 가지 공양을 읽어보자.

17.
보호받지 못하는 이에게 보호자가,
길을 떠나는 이에게 안내자가,
[물을] 건너고자 하는 이에게는
배, 뗏목, 다리가 되기를.

18.
땅에 닿기를 원하는 이에게는 섬이 되고,
빛을 원하는 이에게는 등불이 되고,
쉴 곳이 필요한 이에게는 쉼터가 되며,
하인이 필요한 이에게는 하인이 될 수 있기를.

34_ 여섯 보배는 나가르주나(龍樹), 아리야데바(提婆), 아상가(無着), 바수반두(世親), 디그나가(陳那) 그리고 다르마끼르띠(法稱)이다.

35_ 두 수승한 스승이란 산띠데바와 짠드라고민이다.

19.
여의주가 되고, 보병(寶甁)이 되고,
미지의 진언(眞言)이 되고, 명약(名藥)이 되고
여의수(如意樹)가 되고
중생을 위한 [젖이 끊임없이 나오는] 암소가 될 수 있기를.

20.
대지(大地) 등의 원소(元素)와
허공과 같이 언제나
셀 수 없는 중생의
다양한 삶의 기반이 될 수 있기를.

21.
이처럼 허공이 다할 때까지,
중생계에 있는 모든 생명이
열반에 이를 때까지,
언제나 내가 [그들의] 생활의 원천이 될 수 있기를.

마지막 두 줄은 대단히 강렬하다. 그렇지 않은가? 많은 존재들의 삶은 다섯 가지 원소[地·水·火·風·空]에 달려있다. 그러니 잠깐 생각해보자. 대지와 마찬가지로 광대한 하늘만큼이나 무수한 존재들을 도와줄 수 있기를 그리고 그들이 깨달음을 얻지 못하는 한, 그들의 행복을 위해 내 온 삶을 다 하기를, 그들을 위해 깨달음을 얻겠다는 진심에서 우러나오는 소원을 세우고 이 결심을 포기하지 않겠다는 서원을 세우자. 만일 여러분 가운데 불교도가 아니거나 이러한 서원을 지키기 어렵다고 생각한다면, 단순히 '모든 중생이 행복하기를'이라고 생각하면 된다. 이 서원을 세우고자 하는 이들은 등을 곧추세우고 앉거나 오른쪽 무릎을 세우고 앉아서 두 손을 모은다. 내가 티베트어로 된 문장을 읽으면 세 번 따라 읽기 바란다. "스승들, 붓다들 그리고 보살들이여, 들으소서!" 뒤에 22번째와 23번째 게송 각각의 첫 두 줄을 더한다.

　　나는 이미 내 앞에 붓다께서 계신다고 관했으니, 여러분은 나를 일종의 전령 또는 매개자라고 보아야 한다. 우리가 이 우주의 모든 존재에게 에워싸여 있다고 생각하고, 우리가 그들을 위해 연민의 마음을 일으킨다고 여긴다. 붓다를 생각하고, 그에 대한 큰 귀의의 마음을 생각한다. 이제 연민과 귀의의 마음으로 기도한 후 "내가 불성을 성취하기를!"이라고 말하고 다음과 같이 따라한다.

　　스승들, 붓다들 그리고 보살들이여, 들으소서!
　　과거의 붓다들께서
　　보리심을 일으키신 것처럼,
　　이와 같이 중생의 이익을 위해
　　보리심을 일으키리.

우리가 이를 세 번째 낭송할 때, "보리심을 일으키리"에 이르면 가슴 깊은 곳, 마치 뼈의 골수에서 보리심을 일으켰다고 생각한다. 그리고 이 서원에서 절대 물러서지 않겠다고 다짐한다.

전통적으로 우리는 이제 이 장의 나머지 아홉 게송을 낭송해서 서원 세우기를 마무리 짓는다.

이제 우리가 이 보리심의 서원을 세웠으니, 우리의 일상 속에서 좋은 사람으로 살도록 노력해야 한다. 예를 들어, 이 텐트 속에서 가르침을 들을 때는 아주 착한 사람인 척 하다가, 텐트 밖으로 나가자마자 싸움을 시작하면 안 된다! 지금 당장 선하고 다정한 마음을 가지도록 노력해야 한다. 우리는 이제 행복해질 것이다. 나는 미래가 개인의 마음의 자질에 달려있다고 진심으로 믿는다. 그러니 우리는 반드시 착한 사람들이 되도록 노력해야만 하고, 우리 주변에 있는 이들에게 좋은 예가 되도록 노력해야만 한다. 이렇게 되겠다는 결단은 우리 각각으로부터 나와야만 한다.

경청해주어서 감사하며, 나 자신은 모든 상황에서 보리심을 수행하려고 노력한다. 그리고 나는 다른 사람들 역시 그러하도록 기운을 북돋아 주기 위해 최선을 다한다. 나는 이 수행이 전혀 위험하지 않으며, 중생에게 크나큰 이익을 불러올 것이라고 확신한다.

제 4 장

보리심의 불방일(不放逸)

보리심에 대한 생각이 이제 우리의 마음속에 일어났다. 다음으로 우리는 보리심이 퇴행하지 않도록 보호하는 방법을 논하는 다음 세 장을 읽을 차례이다.

우리의 이 마음은 불성의 모든 자질을 성취할 수 있는 힘을 가지고 있다. 그러나 이러한 자질들이 '내'가 실제로 존재한다고 하는 잘못된 믿음과 자기중심적 사고, 번뇌 등에 의해 잠시 가려져 있을 뿐이다. 불성을 가리고 있는 이들은 우리가 일으킨 선한 마음가짐의 강력한 적이다. 이 적들은 우리 마음속에 살고 있지, 마음 밖에 따로 존재하지 않는다.

만일 그들이 외부에 실제로 존재하는 적이라면, 아무리 미사일 같은 무기로 무장을 했다 하더라도 그들로부터 도망칠 수 있는 시간이 조금이라도 있을 것이다. 그러나 마음속 내부의 적들로부터는 도망칠 곳도, 숨을 곳도 없다. 그들에 알맞은 환경이 생기면 욕심과 분노 같은 온갖 종류의 번뇌가 갑자기 튀어나온다. 이들을 대치하는 다양한 해독제가 있다. 그러나 가장 중요한 것은 불방일(不放逸),[36] 지계(持戒, 경계함), 정지(正知)를 실천하는 것이다. 우리는 언제나 경계를 늦추지 말아야 한다. 만일 번뇌나 나쁜 생각이 일어나거나 이제 막 일어나려고 하면, 마음이 동요하는 바로 그 순간에 앞서 말한 조심스러움, 깨어있음 그리고 주의집중을 이라는 해독제를

36_ 역자주: 불방일이란 행해야 할 것과 피해야 할 것을 주의 깊게 살피는 것을 말한다.

달라이 라마의 입보리행론 강의

재빨리 복용해야 한다. 우리가 이러한 방법을 닦는다면, 조심스러움을 통해 번뇌들이 점점 힘을 잃어가게 될 것이다.

불방일이 네 번째 장의 주제이다.

1.
승리자의 자손들은
이와 같이 보리심을 단단히 붙잡고
언제나 게으름 없이
[붓다의] 가르침을 어기지 않도록 애써야 한다.

4.
만일 그와 같이 약속을 했는데
실천에 옮기지 못한다면,
모든 중생을 배신하는 일이 될 텐데
내 내생은 어떻게 되겠는가?

우리가 일으킨 이 보리심은 누가 억지로 시켜서 한 것이 아니다. 우리는 자발적으로 보리심을 일으키겠다는 서원을 한 것이다. 우리는 모든 붓다와 보살들을 증인으로 해서 모든 중생을 위해 발보리심의 서원을 세웠다. 그러니 이 서약을 어기는 것은 불보살들에게 거짓말을 한 것이며 모든 중생을 배신하는 것과 마찬가지이다. 그러지 않기 위해 우리는 반드시 보리심의 서원에서 물러서지 않도록 모든 노력을 다 해야 한다.

죽음은 언제 우리를 찾아올지 전혀 알 수 없다. 지금은 건강할지 몰라도, 삶은 갑자기 끝날 수 있다. 매 순간 살아있음에 감사하고 값진 삶을 보내야 한다. 내일 더 열심히 살 거라고 말하면서 오늘을 나태하게 보내는 일은 큰 실수를 저지르는 것이다. 우리의 마음을 끊임없이 단련시켜 우리가 서원을 세울 때 약속한 좋은 사람이 될 수 있도록 해야 한다. 이는 마음을 지속적으로 관찰하는 것을 포함한다.

우리 모두 행복을 바라지 고통을 바라지는 않는다. 이것은 말할 필요도 없다. 그러나 한편으로 무엇을 하고, 무엇을 피해야 행복해질 수 있는지에 대해서는 잘 모른다. 다른 한편으로 우리의 번뇌가 너무나 강력해서, 무엇이 잘못인지 알면서도 악한 행동을 하게 된다. 우리가 좋은 사람이 되는 데 있어 진짜 적은 이러한 번뇌이다.

28.
화, 탐욕 등의 적에게
팔 다리 등이 있는 것도 아닌데,
용기도 총명함도 없는데,
어째서 나는 그들의 하인처럼 굴고 있는가?

29.
내 마음속에 머물며

달라이 라마의 입보리행론 강의

자기를 만족시키기 위해 나를 해치고 있는데
이들에게는 화를 내지 못하고 참고 있으니,
이러한 있어서는 안 될 인내는 저열한 수준이다.

32.
나의 번뇌라는 적은
무시무종(無始無終)의 오랜 시간 동안 [함께 있지만]
다른 모든 적들은 이렇게
오랫동안 살아남지 못한다.

우리의 적이라고 여기는 자들은 기껏해야 한 생 동안만 남아있지만, 번뇌는 시작 없는 때부터 우리를 해치고 있다. 이 번뇌가 최악의 적인 것이다.

33.
[번뇌를 뺀 나머지 적들은] 받들어주고 공경해주면,
모든 것을 도와주고 기쁘게 해주지만,
번뇌들은 받들어주면,
그 보상으로 나를 괴롭히고 해친다.

적을 친구로 만들 수 있는 방법은 아주 많지만, 번뇌는 친해지려 하면 할수록 더욱더 강해져 우리를 심하게 해칠 수 있다. 번뇌가 우리 마음속에 마치 절친한 친구라도 되는 양 도사리고 있는 한, 우리가 행복해질 방법은 절대 없다. 분노, 자만심 그리고 질투가 우리 마음속에 자리 잡고 있는 한, 우리는 언제나 외부에 적을 두게 될 것이다. 만일 오늘 적 하나를 없앤다고 해도, 내일 또 다른 적이 나타날 것이다. 실로 끝이 없다. 잠시 적이 우리의 눈앞에서 모두 사라진다 하더라도, 번뇌가 우리의 마음에 단단히 자리 잡고 있는 한, 영원한 행복은 결코 오지 않는다.

43.
이 [번뇌]에만 오로지 집착하여
움켜잡고 전쟁을 벌이리!
이러한 형상을 가진 [집착의] 번뇌는
번뇌를 부수는 것이라, [번뇌에] 속하지 않는다.

누구든 불법을 닦는 사람이라면 번뇌라는 적과 전쟁을 벌여야 할 의무가 있다. 만일 우리가 궁극의 행복을 얻고자 한다면, 우리는 반드시 이 적과 싸울 수 있는 해독제를 써야만 한다. 하지만 그렇게 할 때, 우리는 어려움과 대면하게 된다. 전쟁은 필연적으로 시련과 고통을 수반한다. 마음의 전쟁도 이와 다르지 않다. 적을 물리치기 위해서는 이러한 어려움을 극복해야만 한다. 일반적으로 전사의 몸에 있는 상처들은 훈장처럼 용기의 상징으로 여겨진다. 그러니 불교를 수행하면서, 해악을 본성으로 하는 이 진짜 적을 상대할 때는 많은

달라이 라마의 입보리행론 강의

어려움과 상처가 따르리라는 것을 예상해야 한다. 그리고 이러한 어려움을 승리의 상징으로 받아들여야 한다.

보통의 적은 전력을 가다듬어 다시 공격하기 위해서 안전한 곳으로 후퇴할 수도 있다. 그러나 우리가 진짜 해독제를 써서 우리의 마음에서 번뇌를 완전히 소멸시키면, 번뇌는 숨어있을 곳도 없으며, 다시 돌아와 우리를 해칠 수도 없다. 그러나 적을 물리치기 위해 핵폭탄처럼 강력한 무기를 사용할 필요는 없다. 번뇌는 어리석음에 그 근거를 두고 있기 때문에 사실상 아무런 힘도 갖고 있지 않기 때문이다. 이 내면의 적은 감정의 본성을 파악하는 '분별의 지혜'라는 무기로 쉽게 없애버릴 수 있다.

47.
번뇌는 대상에 있지 않고 감각기관에도 없으며,
그 [대상과 감각기관] 사이에도 없다.
이들 이외의 [경우]에도 존재하지 않는다면,
이 [번뇌들은] 어디에 머물며 모든 중생을 해치는 것인가?
이 [번뇌]는 환영과 같은 것이니, 가슴의 두려움을 떨치고
지혜를 위해 정진하라.
의미 없는 일로 어째서 나는 지옥 등에서 괴로워해야만 하는가?

신중하게 살펴보면, 번뇌라고 불리는 강력한 적은 찾을 수 없다. 실제로 번뇌는 존재하지 않는다. 예를 들어 우리가 혐오 또는 집착을

경험하고 있을 때도, 이러한 감정들은 그러한 감정을 촉발시키는 추하거나 아름다운 대상에 있지도 않고, 우리 마음에 있지도 않으며, 그 밖의 다른 곳에서 찾을 수 있는 것도 아니다. 좀 더 자세히 들여다보면 직접적인 원인[因]과 간접적인 조건[緣]이 함께 작용하여 번뇌가 힘을 가지게 되는 것이지, 번뇌 자체에 힘이 있는 것은 아니라는 사실을 알게 된다. 번뇌는 단순히 우리가 인지하고 이름 붙이는 요소들의 집합체에 불과한 것이다. 감정들은 전적으로 다른 현상에 의존해 있다. 그들이 우리에게 초래하는 해악은 착각에 기인한 것이다. 만일 우리가 이 사실을 진정 이해하게 된다면, 번뇌는 우리를 해칠 수 없다.

우리가 안에서 경험하는 것은 외적인 조건, 즉 환경이 함께하기 때문이다. 만일 우리가 내 마음 안팎의 모든 현상이 꿈같고 신기루 같다는 것을 이해한다면, 우리는 번뇌의 취약점을 찾을 수 있다. 그러니 번뇌들을 정복하기 위해 모든 방편의 군수물자를 동원할 필요가 없다. 오직 그 번뇌의 자성을 인식하고 그들에 실재적 기반이 없다는 것만 깨달으면 된다.

제 5 장

정지(正知)의 수호

1.

계(戒)를 지키고자 하는 이는
반드시 마음을 단단히 붙들고 지킨다.
이렇게 마음을 보호하지 않는다면,
계를 잘 지키는 것은 불가능하다.

보살의 서원을 세웠다면 지켜야 할 계가 무엇인지, 즉 무엇을 해야
만 하고 무엇은 피해야 하는지를 제대로 알아야 한다. 우리는 언제
나 우리의 생각, 말, 행동을 신중하게 해야 한다. 정지(正知)[37]의 힘
혹은 마음을 면밀히 살피는 것은 우리를 정신 차리고 깨어있게 해
준다. 이를 통해 우리가 나쁜 행동을 저지르려는 순간, 바로 알아차
리고 적절한 해독제를 쓸 수 있게 된다. 따라서 정지는 우리가 나쁜
행동을 하는 것을 막아주는 파수꾼이다. 이와 동시에 정지의 힘은
우리가 착한 행동, 즉 선업을 하는 데 마음을 두게 하여 보살행이 증

37_ 　역자주: 삼매(三昧, samadhi)의 여섯 가지 힘[六力] 가운데 네 번째 힘이다. 삼
　　　매의 여섯 가지 힘이란, 붓다의 가르침과 스승의 말씀을 제대로 듣는 청문력(聽
　　　聞力), 명상의 대상에 대한 주의 집중을 약간 지속할 수 있는 능력이 생긴 사유
　　　력(思惟力), 마음이 산란해져서 명상의 대상에 대한 집중력이 떨어지면 명상의
　　　대상을 다시 기억하여 산란하지 않게 하는 억념력(憶念力), 산란함에서 일어나
　　　는 분별과 번뇌를 알아차리고 다시 명상의 대상을 바르게 아는 힘이 생긴 정지
　　　력(正知力), 미세한 분별과 수번뇌들을 정진을 통해 멸하여 혼침(昏沈)과 도거
　　　(掉擧)가 방해할 수 없게 된 힘을 가진 정진력(精進力) 그리고 이제 노력하지
　　　않아도 명상의 대상에 오롯이 집중할 수 있는 힘이 생긴 관습력(慣習力)을 일
　　　컫는다.

달라이 라마의 입보리행론 강의

장되고 어떠한 환경에서도 보리심을 닦을 수 있도록 해준다.

　　출가자와 재가자는 계율을 지키며 깨달음을 향해 수행하는데, 대체로 행동과 말을 삼가는 것에 중점을 둔다. 그러나 보살승(菩薩乘)과 진언승(眞言乘)에서 가장 중요하게 여기는 것은 마음을 다스리는 것이다. 보살이 지켜야 할 계율의 근본은 모든 이기적인 마음가짐을 피하는 것에 있다. 우리는 절대 우리의 이익만을 위해서 다른 이들을 외면하거나 그들을 희생양으로 삼아서는 안 된다. 계율에 우리의 행동과 말을 조심하는 일이 포함된 것은 당연하지만, 여기서 좀 더 주의를 기울이고자 하는 것은 마음을 살피고 삼가는 것이다. 그렇기 때문에 마음이 명료하고, 흔들리지 않으며, 완전히 통제할 수 있는 보살은 다른 사람에게 해를 끼치지 않는 방법으로 다른 이들을 이롭게 할 수 있다. 따라서 가장 주요한 계율은 나쁜 마음을 주의하는 것이다.

6.
이와 같이 세상의 모든 두려움과
셀 수 없는 고통은
마음에서 나온 것이라고
[부처님께서] 바른 말씀으로 가르치셨다.

이 삶과 다른 삶의 모든 고통은 조복(調伏)받지 못한 마음 때문에 일어난다. 마찬가지로, 보시(布施), 지계(持戒) 등의 여섯 가지 바라밀

(婆羅蜜) 수행의 모든 근본은 마음이다.

18.
그러므로 이와 같은 나의 마음을
잘 잡고 잘 보호해야만 한다.
마음을 수호하는 수행을 뺀다면
다른 많은 수행이 무슨 소용이 있겠는가?

마음을 수호하는 것만큼 중요한 것은 없다. 마음이라는 야생의 거친 코끼리를 한시도 방심하지 말고 지켜보자. 마음을 단속[憶念]하고[38] 쉼 없이 경계함[正進]으로써 이 마음이라는 코끼리를 제어하자.[39] 이것이 다른 외부의 조건에 의해 마음이 흔들리는 것을 피하는 방법이다. 그러나 외부로부터 떨어져 있는 토굴에 있더라도 마음을 조절할 수 없다면, 마음은 사방으로 돌아다닐 것이다. 따라서 완전히 홀로 있다 하더라도 어마어마한 양의 번뇌가 있을 수 있는 것이다.

　　어떻게 우리의 마음을 수호할 것인가? 우리의 생각을 살펴

38_　　역자주: 원서에는 mindfulness를 사용했으나, 이는 삼매의 여섯 가지 힘[六力] 가운데 억념(憶念), 즉 선정의 대상을 제대로 기억해서 산만해지지 않도록 되잡는 것을 말한다.

39_　　역자주: 달라이 라마는 선정을 닦는 아홉 가지 순서인 구주심(九住心, navākārā cittasthiti, sems gnas dgu)에서 수행자의 마음을 일컫는 코끼리를 말하고 있다.

보기 위해서 정지(正知)의 힘을 써야 하고, 우리가 올바르게 행동하고 있는지를 판단하기 위해 기억의 힘(억념의 힘)을 사용해야 한다. 이 두 가지를 사용함으로써 우리는 모든 보리심의 수행에 방해가 되는 환경들을 제거할 수 있다. 이들이 없다면 우리의 생각이 좋은 것인지, 나쁜 것인지 혹은 제대로 행동하고 있는지 아닌지조차 알 수 없을 것이며, 그렇게 되면 필요한 순간에 해독제를 쓸 수 없게 될 것이다.

23.
마음을 수호하고자 하는 이는
억념(憶.念)과 정지(正知)로,
모든 노력을 다해 [마음을] 지킬 수 있기를!
나는 이렇게 [서원하며] 합장한다.

29.
그러므로 억념의 힘을 마음의 문에서
두 번 다시 떨어져 있게 하지 말라.
사라졌다 하더라도, 악취(惡趣)의 해악을
기억해서 [다시] 가까이 둔다.

삼악도의 괴로움과 번뇌의 과보를 계속 생각하는 것은 우리가 정지와 억념 그리고 더 훌륭한 수행으로 발전시키는 데 도움을 줄 것이다. 나아가 샨띠데바는 다음과 같이 설명한다.

30.
스승의 곁에서
가르침을 주는 분을 믿고 경외함으로써
공경하는 복 있는 이에게
억념은 쉽게 일어나리.

31.
'모든 붓다와 보살들은
언제나 걸림 없이 [모든 것을] 보신다.
그 분들 앞에
나는 늘 머무르리라!'라고

32.
그렇게 생각함으로써
부끄러움과 공경, 경외를 아는 자가 된다.
그리하여 붓다의 기억이
그에게 거듭해서 일어나리라.

무엇을 해야 할지 그리고 무엇을 피해야 할지 절대로 잊어버리지
않는 억념(憶念)을 수행함에 따라, 정지(正知)가 점차 우리의 일부분

이 되어갈 것이다.

33.
억념이 마음의 문을
지키는 목적에 머물 때,
정지가 올 것이다.
[한순간] 떠났다 하더라도 [다시] 올 것이다.

상황마다 계율을 계속 지켜야 할 필요가 있는지 생각해 볼 필요가
있다. 경우에 따라서는 계율이 금지하고 있는 행동도 해야 할 때가
있기 때문이다. 그런 상황들 속에서는 그 계율의 조항을 어길 수 있
도록 허락을 받았을 뿐만 아니라, 계율을 어기는 것이 우리의 임무
이다.[40] 실제로 율장(律藏)에 기록되어 있는 몇몇 규칙들은 후대에
상황에 맞게 대응하면서 바뀐 것들도 있다.

　　　정지는 우리의 모든 행동에 적용되어야 하고, 언제나 올바른
행동과 그렇지 않은 행동을 주시하며 끊임없이 살펴보아야 한다.
이렇게 함으로써 욕심, 성냄, 어리석음이라는 삼독(三毒)에 취한 난
폭한 코끼리 같은 마음을 선행(善行)이라는 기둥에 억념이라는 밧
줄로 묶어놓고, 정지라는 갈고리로 다스린다. 만일 우리의 마음을

40_　이 상황의 예는 거짓말을 해서 다른 사람의 생명을 살릴 수 있다면 거짓말을 하
　　　는 것이다.

늘 착한 상태로 놔둘 수 없다면, 선도 악도 아닌 중간 위치에 내려놓을 수 있다. 우리는 명상 속에서, 특정한 대상에 집중하고 있을 때, 더욱더 명상의 대상과 대상 아닌 것을 바르게 알고 기억해야만 한다. 선도 악도 아닌 생각, 악한 생각, 선한 생각 각각의 대상에 대한 집중이 흐트러져서는 안 되기 때문이다.

보살들은 깊은 선정(禪定)에 들어가 정신을 집중하고 있다 하더라도, 다른 이들에게 이익이 되는 행사에 참여하거나, 보시를 하거나, 타인의 목숨이 위험에 처해있거나, 가르침을 주거나 혹은 공덕을 쌓을 수 있도록 도와야 하는 상황이라면 잠시 그 선정에서 나올 수 있어야만 한다. 예를 들어, 사슴을 쫓고 있는 사냥꾼이 우리에게 쫓고 있던 사슴을 보지 못했냐고 물어보았다면, 사슴의 목숨을 구하기 위해 보지 못했다고 거짓말을 하는 것은 하나의 훌륭한 방편이다. 이 상황에서 우리는 불망어(不妄語), 즉 거짓말을 하지 말라는 계율보다 한 생명을 위험으로부터 구하는 보시행을 우선으로 했다. 우리는 이러한 상황이 닥치면 신중하게 마음을 살피고 말과 행동을 하는 데 있어 악행을 저지르지 않도록 우리 자신을 늘 보호해야 한다.

우리는 수행을 통해 모든 의구심을 해소하고, 모든 것을 제대로 이해하고 있다는 확신이 필요하다. 이러한 수행의 확신은 명확한 논리와 믿음, 굳은 결심과 변함없음 그리고 우리가 하고 있는 수행에 대한 존경에 기반하고 있어야 한다. 우리 자신의 양심, 다른 이들이 어떻게 생각할지에 대한 배려 그리고 악한 행위의 과보에

달라이 라마의 입보리행론 강의

대한 두려움이 우리의 행동을 인도해야 한다. 지속적으로 우리의 마음을 통제하면서, 평화로운 마음을 유지하고 다른 이들을 행복하게 하도록 노력하자.

56.
서로 마음이 맞지 않는 어린아이 [같은 이들]의
욕심에 좌절하지 말고,
번뇌가 일어난 이들의 마음에서
나온 것이라 생각하고 자애(慈愛)로써 [대한다].

57.
그릇된 행동을 하지 않으며
자신과 중생을 위해 애쓰고,
언제나 이 마음은 환영과 같이
자아(自我)가 없다고 보아야 한다.

여기서 "어린아이 같은 이들"은 성숙하지 못한 사람들을 일컫는다. 즉, 현상에 대한 깨달음이 없는 일반 범부를 말한다. 만일 이처럼 성숙하지 못한 사람들과 교류하게 된다면, 우리가 가야 할 방향을 잃고 길을 헤맬 위험성이 있으며, 다른 이들을 돕기 힘들게 될 것이다. 따라서 이러한 사람들에게 영향을 받지 않도록 피해야 하지만, 또한 이들 때문에 의기소침하거나 화를 내서도 안 된다. 그보다는 어리석은 그들이 번뇌의 손아귀에서 벗어나지 못했다는 것에 대해 큰 연민의 마음을 가져야 한다.

우리는 우리가 지니고 있는 근본적인 번뇌와 보살이 되기 위해 저질러서는 안 될 악행의 속성을 잘 살펴보아야 한다. 동시에 다른 이들을 돕겠다는 의지를 마음속에 최우선으로 놓고 흔들리지 않도록 하자. 가령 어떤 사람이 체면을 중요하게 여긴다면, 그 체면을 지킬 수 있도록 최선을 다해야 한다. 그리고 언제나 우리 자신, 우리의 행동 그리고 우리의 행동에 의해 영향을 받는 이들 모두가 환영처럼 자성이 없다는 사실을 이해해야 한다.

인간의 삶은 귀하고, 깨달음을 성취하기 참 좋은 기회이다. 너무나 귀하기 때문에 우리는 다른 이들을 복되게 하는 데 이 기회를 써야 한다. 이 기회를 소중히 여기고 우리 자신보다 다른 이들을 더 중히 여기는 행동 속에서 환희를 일구자.

샨띠데바는 다음으로 우리 몸에 지나치게 집착하는 것이 선행을 가로막는 장애물이라는 것에 관해 설명한다.

61.
어리석은 마음이여! 그대는 어찌하여
깨끗한 나무 인형을 가지려 하지 않는가?
깨끗하지 않은 것들이 모인 [몸이라는]
이 썩어가는 장치를 보호해서 무엇하겠는가?

달라이 라마의 입보리행론 강의

62.
처음에는 이 피부라는 껍데기를
마음으로 [몸에서] 분리시킨다.
살 또한 뼈로부터
지혜의 칼로 잘라낸다.

63.
뼈 역시 분리한 다음
골수까지 들여다보고
'여기에 본질(自性)이 있는가'라고
스스로 검토해보라.

64.
이와 같이, 열심히 찾아보고도
당신의 본질을 발견하지 못했다면,
어째서 여전히 집착하며
이 몸을 보호하려 하는가?

우리는 이따금 우리의 모든 시간을 몸을 돌보느라 허비한다. 마치
우리가 몸의 종이라도 된 것처럼 행동할 때도 있다. 매일 몸을 닦는
것부터 시작해서, 몸을 먹이고, 몸이 원하는 바를 이루기 위해 온 종
일 시중을 든다. 그러나 삶의 목표가 단순히 몸뚱이를 유지하는 것

일 리 없다. 그보다 몸이란 인간의 존재를 특징짓는 지성을 위한 '탈 것'으로써 사용해야 한다. 이렇게 함으로써 우리는 정신적인 진보를 이룰 수 있다. 잠시 생각해보자. 시키는 대로 하지 않는 하인은 절대 급료를 받을 수 없다. 공장 직원이 일을 하지 않는다면 월급은커녕 공장에서 쫓겨나게 될 것이다. 그런데 우리의 몸은 지금까지 먹여주고 입혀주며 온갖 정성을 다 쏟았음에도 우리가 원하는 대로 말을 듣지 않는다. 늙지 말라고 해도 늙고, 아프지 말라고 해도 병이든다. 몸에 대한 집착은 완전히 잘못된 것이다. 우리가 몸을 돌보는 이유는 선한 마음을 기르는 데 있어야 한다. 그것이 가장 위대한 삶의 의미이기 때문이다.

70.
오직 오고 가기 위한 기반일 뿐인 몸을
배라고 생각하라.
중생의 이익을 성취하기 위하여
뜻대로 이루어지는 몸이 되어야 한다.

우리는 불순한 요소들로 이루어져 있는 이 몸을 다른 사람들을 돕겠다는 마음으로 사용해야 한다. 이 몸을 지혜와 방편을 합친 정신적 성장을 위해 적절하게 사용한다면 우리는 새로운 깨달음과 여의주 같은 모든 것을 아는, 즉 '일체지(一切智)의 여래(如來)의 몸[色身,

rūpakāya]'을 얻게 된다.41

71.

이와 같이 [삼독(三毒)을 대치하는 마음이 몸, 말, 뜻의]
주인이 되어,42
[중생을] 언제나 미소로써 대하며,
화내거나 찌푸린 얼굴을 완전히 버리고,
중생의 진실하고 성실한 친구가 되라.

진정한 수행자들은 외부의 압력과 감정에 마음이 흔들리지 않는다.
그들은 자신과 다른 이들 모두에게 잠시 이익이 되는 것과 궁극적
으로 이익이 되는 것을 자유롭게 선택할 수 있다. 그들은 외부의 압
력과 자신의 감정의 영향을 받지 않으며, 어떠한 것도 두려워하지
않으며, 결코 다투지 않는다. 언제나 평화로운 그들은 모든 사람들
과 친하게 지내며, 그들이 말하는 모든 것이 삶에 도움이 된다. 우리
는 어디에 가든 겸손해야 하며, 시끄럽거나 거만하게 굴어서는 안
된다. 다른 사람의 감정을 상하게 하거나 그들이 나쁘게 행동하도

41_   rūpakāya, 즉 색신(色身)은 붓다가 생명이 있는 존재로 나타나는 것을 말한다.
       화신(化身)과 보신(報身)이 색신을 가지고 있다.

42_   역자주: 빠뚤 린뽀체의 《입보리행론》 주석에 따르면 대치하는 마음이 신구의
       (身口意)의 삼업(三業)의 주인이 되어야 한다고 하며, 삼독(三毒)을 대치한다
       고 해설한다.

록 조장하지 말자. 다른 이들을 친절하게 대하고 좋게 생각하며, 그들이 공덕을 쌓도록 힘을 보태주자.

만일 다른 사람들이 당신에게 조언을 주면, '당신이 뭔데 내게 이러라 저러라 하는가?'라고 생각하지 말고, 그들의 말을 존중하라. 만일 그들의 조언이 합리적이면, 거만하게 거부하는 대신에 받아들여라. 당신 자신을 모든 생명의 제자라고 여긴다. 사람들이 말하는 긍정적인 것들을 당신이 지지한다는 것을 보여주라. 그리고 다른 이들이 착한 일을 하면 기뻐하며, 그들을 칭찬으로 북돋아 준다. 그렇지만, 그러한 칭찬이 아첨으로 보이거나 그들을 자만하게 만들 것 같으면 개인적으로 만나서 칭찬해주고, 다른 이들이 그들을 칭찬할 때 함께 해준다. 그리고 만일 그 칭찬의 대상이 자기 자신일 때는 의기양양하거나 거만해지지 않도록 주의한다. 순수하게 다른 이들의 선한 자질을 인정해주라.

다른 이들의 선한 행동의 가치를 인정해줌으로써 우리가 얻을 수 있는 기쁨은 가치를 매길 수 없다. 그렇게 한다고 해서 이번 생에 잃을 것은 하나도 없으며, 이는 앞으로 행복한 삶의 크나큰 원인이 될 것이다. 만약 그러지 않고 다른 사람들이 우리를 고쳐주려고 할 때 부정적으로 반응한다면, 혹은 다른 사람들이 칭찬받을 때 질투한다면, 혹은 우리가 칭찬받을 때 거만해진다면, 다른 사람들을 언짢게 만들 것이며, 우리는 결국 친구도 없는 외톨이가 되고 말 것이다. 그리고 미래의 생에서 크나큰 고통을 얻게 될 것이다.

우리가 무슨 말을 하든 집착과 분노에 흔들리지 않는 차분하고 상냥한 목소리로 명료하게 요점을 말하자. 다른 이들을 다정하게 바라보며, 이들 덕분에 내가 불성을 성취할 수 있을 것이라고 생각하자.

공덕을 쌓는 최고의 방법은 무엇인가? 무엇보다도 우리에게는 굳세고 끈질긴 좋은 마음이 필요하다. 이 좋은 마음의 의지가 공덕을 쌓는 행을 일으킨다. 그러고 나서 반드시 탐욕, 증오, 무지를 대치하는 해독제를 적용해야 한다. 이러한 타인을 돕는 행위는 지혜롭고 깨달은 존재들에게, 너무나 많은 빚을 지고 있는 우리의 부모님에게, 병들고 늙고 쇠약한 이들에게 그리고 마음이 무척 괴로운 이들에게 행할 때 더욱 좋은 결과를 낳는다. 삶 속에서 우리는 다른 사람의 행동을 수동적으로 따르지 말고, 덕을 쌓는 행을 스스로 시작하려는 적극적인 노력을 해야만 한다.

우리의 정신적인 성장은 여섯 가지 완벽한 행, 즉 육바라밀(六波羅蜜)을 보시바라밀부터 하나씩 단계적으로 완성해야 이룰 수 있다. 그러나 작은 공덕을 쌓는 원인을 위해 큰 공덕의 원인을 포기해서는 안 된다. 가장 중요한 일은 다른 이들의 행복한 삶을 위해 일하겠다는 마음을 계속 다잡는 것이다.

84.
이와 같이 알고서 다른 이들의 이익을 위해
언제나 노력하리라.
멀리 보시는 자비로운 분(붓다)은

금지된 것들도 그들에게만큼은 허락하셨다.[43]

이 게송은 다음과 같이 이해할 수 있다. 눈앞의 이익뿐만 아니라 먼 미래의 이익까지도 내다보는 붓다께서는, 어떤 사람들에게 금지시킨 사항이라도 특정한 존재들에게는 허락했다는 뜻이다. 다르게 본다면, 지혜와 연민을 갖춘 자비로운 분, 즉 보살들은 다른 사람들에게는 금지된 것들도 상황에 따라 할 수 있다는 의미이다.

85.
음식을 적절히 먹고,
악취(惡趣)에 태어난 이들, 보호자가 없는 이들,
그리고 계율을 지키는 이들에게[44]
세 벌 가사[45] 빼고는 모두 나누어 주리라.

43_ 역자주: 빠뚤 린뽀체는 이를 소승의 수행자에게는 금지된 몸과 말의 일곱 가지 악을 보살들은 할 수도 있다고 설명한다. 일곱 가지 악은 마음의 세 가지 악행인 탐욕, 증오, 어리석음을 뺀 몸과 말의 악행으로, 몸의 악행인 살생, 도둑질, 삿된 음행과 말의 악행인 거짓말, 이간질, 괴롭히는 말, 나쁜 소문을 내며 쓸데없는 잡담을 꾸민 말을 가리킨다.

44_ 역자주: 악취(惡趣)에 태어난 이들의 예는 개와 새 등이며, 보호자가 없는 이들은 노숙자, 거지 등을 가리킨다. 그리고 계율을 지키는 이들의 예는 홀로 안팎으로 계율을 지키며 수행하는 수행자들이다.

45_ 역자주: 승가리(상의), 울다라승(중의) 그리고 안타회(하의)의 세 벌을 지칭한다.

달라이 라마의 입보리행론 강의

이 게송의 마지막 행은 계율을 지키는 스님들에 관한 것이다. 자신들이 입어야 할 세 벌의 가사를 제외하고 그들이 가지고 있는 여벌의 의복은 다른 사람들에게 기부해야 한다는 것이다.

이제 우리의 몸, 말, 뜻을 신성한 붓다의 가르침인 불법(佛法)을 성취하는 데 헌신하기로 했기 때문에, 쓸데없이 몸을 상하게 하지 말아야 한다. 우리의 몸은 수행의 수단이므로 적절히 잘 돌본다면, 모든 생명에게 도움을 줄 수 있기 때문이다.

87.
연민의 마음이 [아직] 청정하지 않을 때는
이 몸을 버리지 않으리.
이생과 다른 생에 큰 목적을 이루려는 때는
그 원인으로서 언제라도 [이 몸을] 버리리.

샨띠데바는 우리 마음에 청정한 자비심이 없고, 공성을 완벽하게 깨닫지 못했다면, 우리의 몸과 모든 재산과 공덕을 주는 것은 옳지 않다고 설명한다. 우리는 모든 이기적인 마음을 정화하면서 이타적인 행동을 실천할 수 있기 때문에 우리 몸을 보호해야 할 필요가 있다. 이렇게 하면 우리는 모든 중생의 소원들을 이루어줄 수 있을 것이다. 한편으로 우리의 목숨을 너무 성급하게 내주어서도 안 된다. 대신, 우리의 생명을 내주는 것이 진정으로 이익이 되는 때가 오면 자신의 생명을 내줄 수 있을 만큼 서원을 닦아야 한다.

《입보리행론》은 일상 속 행동에 관해서 어떻게 자야 하는지까지 조언한다. 붓다가 열반에 들 때의 자세처럼 오른쪽 옆구리를 대고, 머리를 북쪽으로 향하게 해서 자고 아침에 바로 일어날 수 있도록 준비가 되어있어야 한다.[46]

요약하자면, 보살들의 다양한 행동 가운데 가장 중요한 것은 마음을 닦는 일이다.

97.
보살행에 관한
셀 수 없이 많은 가르침 가운데,
마음을 닦는 수행이
확실해질 때까지 수행해야 한다.

만일 오늘 하루 잘못을 저지른 게 있다면, 그것을 인정해야 한다.

98.
아침저녁으로 세 번씩
《삼취경(三聚經)》[47]을 낭송하고,

46_ 역자주: 게송 96번에 따르면 자기 전에 정지(正知)를 일으켜 마음을 명확하게 해야 한다고 한다.

47_ 역자주: 대승경전인 《삼취경(三聚經, trīskhandhadharmasūtra, phung po gsum pa'i mdo)》은 《삼십오불참회문(三十五佛懺悔文)》으로도 불리며 귀의,

승리자(붓다)와 보살에 의지하기 때문에
나머지 악취(惡趣)로의 가능성은 사라진다.

중생이 필요로 하는 것들과 그들이 쌓아온 습관적 성향이 너무나
다양하기 때문에, 이러한 중생을 도울 수 있기 위해서는 셀 수 없이
다양한 방법에 의지해야만 한다. 방편을 쓰는 데 뛰어난 이들은 셀
수 없는 선업을 쌓을 수 있다. 샨띠데바는 이렇게 말한다.

100.
승리자의 자손들(보살)이
공부하지 않는 것은[48] 아무것도 없다.
이와 같이 머무는 현자에게[49]
공덕이 안 될 것은 아무것도 없다.

101.
직접적이든 간접적이든
중생의 복지 이외의 것은 하지 않는다.

참회, 회향의 세 부분으로 이루어져 있다. 장아함경부의 《삼취경》과는 내용이
다르다.

48_ 역자주: 다섯 가지 주요 학문인 불교 교학, 논리학, 문법학, 의학, 공예학과 다섯 가
지 보조 학문인 음성학, 수학 및 점성술, 공연, 시, 작문의 총 열 가지를 지칭한다.

49_ 역자주: 빼뚤 린뽀체는 보살은 선정과 정진에 머문다고 한다.

오직 중생의 복지만이 [목표이기] 때문에,

모든 것을 보리심을 위해 헌신한다.

수행에 진전이 있으려면 대승불교의 문헌에 담겨 있는 심오하고 광대한 양상들에 대해 정통한 올바른 스승에 의지해야만 한다. 그러나 단순히 아는 것만으로는 충분하지 않다. 그러한 스승들은 그들이 공부한 것을 직접 수행하고, 그들의 삶에 적용하며, 진정한 정신적인 깨달음과 지식을 융합시킬 수 있어야만 한다. 우리는 설사 우리의 목숨을 버려야 하는 상황일지라도 그러한 스승을 저버려서는 안 되며, 그들을 제대로 따르는 방법을 배워야만 한다.

우리의 이해를 더 고양시키기 위해서, 샨띠데바는 이 《입보리행론》을 쓰기 전, 그의 다른 문헌인 《대승집보살학론(大乘集菩薩學論)》을 공부할 것을 권하고 있다. 티베트불교의 까담빠는 한 번에 두 문헌씩 여섯 가지 주요 문헌을 가르쳤는데 이는 《보살지》와 《대승장엄경론(大乘藏嚴經論)》, 《입보리행론》과 《대승보살학처》 그리고 《본생담(本生談)》과 《specific counsels》이다. 따라서 《입보리행론》과 《대승보살학처》를 같이 공부하는 것이 좋다. 각각 짝을 이루는 두 문헌 가운데 한 쪽에서 간단하게 나온 내용이 다른 책에서는 자세히 설명하곤 하기 때문이다. 그러나 《대승보살학처》의 티베트어 번역은 현존하지 않기 때문에, 같은 제목을 가진 나가르주나의 문헌을 대신 사용해야 한다. 이러한 문헌들을 수행 속에 완전히 녹여내야 타인의 이로움을 위해 일할 수 있다.

108.
몸과 마음의 상태를
거듭해서 점검해야 한다.
요약하자면, 이것이
'정지(正知)의 지킴[護持]'이다.

109.
몸으로 이들을 실천해야만 한다.
말만 해서 무엇을 이루겠는가?
약에 관해서 읽기만 하는 것이
아픈 이들에게 무슨 도움이 되겠는가?

제 6 장

인욕(忍辱)의 실천

이 장은 인욕(忍辱)을 논의한다. 인욕은 제8장의 주제인 선정(禪定)과 더불어 보리심 수행을 구성하는 열쇠이다. 이 6장과 8장에 담겨 있는 가르침은 수행을 하는 데 있어 아주 강력한 힘이 된다.

1.
일천 겁 동안 쌓아 올린 보시와
붓다에게 올린 공양 등의
선행이 모두
단 한 번의 분노로 무너진다.

2.
분노같이 나쁜 행동은 없고
인내처럼 힘든 고행은 없다.
그러니 최선을 다해 모든 방법을 써서
인내를 수행해야만 한다.

분노만큼 파괴적인 힘은 없다. 한순간의 화가 보시의 수행, 붓다들께 올린 공양, 계율을 지키는 수행 등으로 쌓아 올린 수천 겁(劫)의 '공덕'을 단숨에 무너뜨릴 수 있다. 화만큼 중대한 잘못은 없다.

한편, 화를 상쇄시키고 화에 굴복하는 것을 막아주는 수행으로써의 인욕은 무적이다. 인욕 수행을 통해 번뇌의 불길이 내뿜는 열기를 완화시킬 수 있다. 따라서 우리는 인욕을 행하는 데서 오는

달라이 라마의 입보리행론 강의

이익과 분노의 끔찍한 과보에 대해서 깊이 통찰해봐야 한다. 이를 통해 인욕을 수행하겠다는 자극을 받고 인욕을 수행하기로 굳게 마음먹는 것이 매우 중요하다.

여기서 '공덕'이란 짠드라끼르띠가 《입중론(入中論)》에서 설명하듯 붓다와 보살들에게 공양을 올리고, 계율을 지키는 수행인 보시를 일컫는다. 그러나 공성의 깨달음을 통해서 일어나는 공덕을 일컫는 것은 아니다. 화는 공성의 깨달음을 통해 성취한 공덕을 부술 수 없다. 또한 범부처럼 낮은 정신 상태의 분노는 더 우월한 정신 상태를 지닌 존재가 쌓은 공덕을 파괴할 수 없다. 요약하자면, 화가 부술 수 없는 공덕에는 두 가지로, 공성을 깨달아 얻은 공덕과 명상을 통해 쌓아 올린 훌륭한 정신적 공덕이 있다. 이 두 가지를 빼고는 모든 평범한 공덕들은 화로 인해 무너질 수 있다. 그렇지만 공덕이 무너지는 것은 화의 강도, 공덕의 크기 그리고 우리가 화를 내는 대상이 누군지에 달려있다. 다시 말하자면, 공덕은 화로 인해 약해지거나 완전히 무너질 수 있다.

공덕을 쌓는 선행은 이루기 힘들며, 선행을 쌓을 기회도 자주 생기지는 않는다. 우리의 마음이 감정에 사로잡혀 있고 좋지 않은 조건들에 에워 쌓여 있을 때, 선한 마음을 낸다는 것은 굉장히 힘들다. 악한 마음은 너무나 일어나기 쉬우며, 우리의 의지와 선한 마음을 실천에 옮기는 방식이 완벽하게 청정하지 않다면 공덕을 쌓기는 매우 어렵다. 어렵게 쌓은 빈약한 공덕은 한순간의 분노로 인해 사라져버린다. 화로 인한 피해는 상상할 수 없을 정도로 심각해서 잃어버린 물건을 되찾는 일이 더 쉬울 것이다.

3.
고통스러운 화를 마음에 품고 있으면,
마음이 평화로울 수 없으며,
기쁨과 즐거움도 성취할 수 없고,
잠조차 편히 못 들 뿐 아니라 안정도 취할 수 없다.

사람들은 화가 났을 때 행복의 느낌을 모두 잃는다. 어떤 부류의 사람들이 외모가 잘생기고 평소 편히 지낸다 해도, 한 번 분노에 휩싸이면 얼굴이 붉으락푸르락해지며 추하게 바뀐다. 화는 몸의 균형을 파괴하고, 편히 쉬지 못하게 방해한다. 행복, 평화, 수면이 그들을 피해가도록 만들며, 자신에게 도움을 준 사람들과 마땅히 감사해야 할 사람들조차 더 이상 보이지 않게 한다. 화가 나면 좋은 성격을 가진 사람도 완전히 돌변해서 더 이상 의지할 수 없는 사람이 되어 버린다. 그들은 화로 인해 망가지며, 다른 사람들을 망가뜨린다. 그러나 모든 에너지를 화를 다스리고 없애는 데 쓰는 사람은 이번 생과 다음 생에서 행복을 얻을 수 있다.

7.
바라지 않은 일을 하게 되고,
바라는 것을 하는 데 걸림돌이 [생기면 화가] 일어난다.

달라이 라마의 입보리행론 강의

행복하지 않은 마음이라는 먹잇감을 찾은 화는
점점 커져 나를 파괴한다.

우리에게 해를 끼치는 누군가나 우리가 원하는 것을 뺏어 가는 사람 등 싫어하는 사람을 생각하는 것은, 잠시 전까지만 해도 평화롭던 우리의 마음을 갑자기 흔들리게 만든다. 이러한 마음의 상태가 악한 생각들을 일으킨다. '얼마나 끔찍한 사람인가!' 이렇게 생각하다 보면 어느새 혐오는 증오로 바뀌어 있다. 이것이 우리의 증오를 촉발시키는 불안정한 감정의 첫 번째 단계로, 우리가 없애야 할 것이다. 그렇기 때문에 산띠데바는 이렇게 말한다.

> 8.
> 그러므로 나는 그 화의 먹잇감을
> 철저히 부수리라!
> 나를 해치는 것 빼고는
> 어떠한 목적도 없는 이 적을!

우리는 모든 수단을 다 동원해 이 불편한 감정이 시작하려는 바로 그 순간을 재빨리 알아채고 제거하도록 노력해야 한다.

> 9.
> 어떤 일이 일어난다 하더라도

나는 기쁜 마음이 흔들리지 않도록 할 것이다.

불쾌하게 된다면, 원하는 것을 이룰 수 없을 것이며,

[내가 지금까지 쌓아온] 공덕들이 무너질 것이다.

10.

[어떤 나쁜 일로부터] 구제할 대책이 있다면

한탄할 필요가 있겠는가?

[반대로] 대책이 없다면

한탄한들 무슨 소용이 있겠는가?

우리는 반드시 편안한 마음 상태를 유지하도록 노력해야 한다. 우리가 이 불안정한 감정을 제거하지 않는다면, 이 감정이 증오를 먹여 살릴 것이고, 증오가 점점 커져 결국에는 우리를 파멸시킬 것이다.

　　분노는 어떠한 적보다도 무서운 상대다. 물론 평범한 적들도 우리를 해친다. 그렇기 때문에 우리가 그들을 적이라 부르는 것이다. 그렇지만 평범한 적들이 우리에게 끼치는 피해는 그들 혹은 그들의 친구들을 돕고자 하는 의도가 있기 때문이지, 단순히 우리를 불행하게 만들고자 하는 것은 아니다. 반면 우리 내면의 적인 분노는 우리의 공덕을 파괴하고 고통스럽게 하는 것 이외에 다른 어떠한 목적도 가지고 있지 않다. 그렇기 때문에 샨띠데바는 분노를 "나를 해치는 것 빼고는 어떠한 목적도 없는 적"이라고 부른다. 분노가 일어난 그 순간부터, 이 분노는 우리를 해치겠다는 오직 한 가지 목적을 위해 살아간다. 그렇기 때문에 우리는 모든 것을 동원해서 이 적과 맞서야 한다. 마음의 평정을 유지하면서 화를 내는 것을 피하자.

분노를 일으키는 첫 단계인 심기 불편한 상태는 우리가 원하지 않는 것들 때문에 일어난다. 가령, 우리는 친구들이나 우리 자신이 고통받거나, 모욕당하거나, 비판받거나, 모멸당하는 것을 원하지 않는다. 우리가 이러한 상황들을 피할 수 없을 때, 우리는 침울해한다. 그 반면에 우리의 적이 그 고통을 받는 대상이라면 아주 만족할 것이고, 거꾸로 적들의 일이 잘 풀린다면 기분 나빠할 것이다.

12.
행복의 원인은 가끔씩 일어나지만,
고통의 원인은 너무 많이 [일어난다].
고통이 없다면, 윤회를 끊겠다는 마음도 없으리니,
그대 마음이여, 굳건하라!

일반적으로 행복을 얻기 위해서는 굉장한 노력을 해야 한다. 그러나 괴로움은 아주 자연스럽게 일어난다. 몸을 가지고 있다는 사실만으로도 괴로움에서 벗어날 도리가 없다. 괴로움의 종류는 셀 수 없이 많고, 괴로움의 원인들은 아주 다양하다. 현명한 사람은 불행의 원인들을 긍정적인 환경으로 바꿈으로써 행복을 성취할 수 있다. 우리는 괴로움을 더 높은 수준으로 올라가기 위한 디딤돌로 사용할 수 있다. 이에 관해서 산띠데바는 "고통 없이는 반드시 윤회를 끊겠다는 결심[出離心]도 없다"라고 말한다.

괴로움을 싫어하는 것은 아주 자연스러운 일이다. 그러나 만일 우리가 역경을 참을 수 있는 의지력을 키울 수 있다면, 인내심은 점점 더 튼튼하게 우리 마음속에 뿌리내릴 것이다. 샨띠데바는 다음과 같이 말한다.

14.
모든 것은 익숙해지면
[견디기] 쉬워진다.
그러니 작은 고통에 익숙해짐으로써
큰 고통을 견뎌낼 수 있게 된다.

16.
더위, 추위, 비, 바람 등과
질병, 감옥과 구타 등에
[지나치게] 예민하게 대하지 말라.
[그 고통에 예민하게] 대하면, 해악은 더 커질 것이다.

우리에게 바다와 같이 넓은 인내심이 있다면, 일상에서 겪는 괴로움들이 그리 나쁘게 보이지만은 않을 것이다. 그러나 인내심이 없다면 아주 사소한 일도 참기 어려워질 것이다. 많은 것들이 우리의 마음가짐에 달려있다.

17.

어떤 사람들은 자신의 피를 보면
더욱더 용감해지고 굳건해지며,
어떤 사람들은 남의 피를 보면
의식을 잃고 기절한다.

따라서 우리가 인내심을 기른다면 크나큰 역경이 닥친다 하더라도
견뎌낼 수 있다.

굳건한 인내심이 있다면 큰 괴로움과 상처에 맞닥뜨려도 우
리의 마음을 어지럽히지는 못할 것이다. 물론 괴로움을 바람직한
것으로 여긴다거나 유리한 조건으로 바꾸는 것은 힘들다. 최악의
적인 증오 등의 번뇌와 전쟁을 치루기 위해서는 참아내야 한다. 통
상적인 적과 전투를 벌일 때는 상처 입을 수 있다고 예상하는 것이
자연스럽다. 증오라는 본질적인 적과 싸우는 것은 절대 쉽지 않다.
그럼에도 만일 우리가 그러한 모든 시련을 이겨내고 번뇌를 정복한
다면, 우리는 진정한 영웅이라고 불릴 것이다. 반면에 분노에 굴복
하고 마음 밖의 적을 죽이는 것은 이미 죽은 적을 칼로 찌르는 것과
마찬가지이다. 그런 것은 결코 대단한 일이 아니다.

21.

고통은 장점도 있다.
절망을 통해 오만함을 없애고,

윤회하는 이들에게 연민의 마음을 일으키며,

악행을 피하고 덕행(德行)을 좋아하게 하는 것이다.

괴로움에는 긍정적인 면도 있다. 예를 들면, 자기중심적인 사고를 버릴 수 있다. 또한 다른 사람들의 괴로움을 이해하는 법을 배울 수 있으며, 그 배움을 통해 연민의 마음도 커질 것이다. 그리고 괴로움의 원인을 더는 만들지 않으려고 더욱더 조심하게 될 것이다.

모든 사람은 조금이나마 이타적 성향을 가지고 있다. 그러나 그 이타심은 너무 빨리 한계에 도달한다. 다른 이들을 돕겠다는 서원이 무한에 이를 때까지 이타심을 기르는 마음을 보리심이라고 부른다. 이 보리심을 기르는 데 있어 가장 큰 장애물은 다른 이들을 해치고자 하는 욕망, 억울함 그리고 분노이다. 이를 바꾸기 위해서 인내와 인욕에 관해 명상하는 것이 중요하다. 우리가 더 깊이 수행하면 할수록 화가 일어날 가능성은 점점 더 줄어들 것이다. 인욕은 화를 피하는 최선의 방법이다.

이제 사랑 혹은 자애(慈愛)에 대해서 이야기해보자. 나는 모든 존재가 사랑받고 싶어 한다고 생각한다. 이는 아주 자연스러운 것이며 자발적으로 일어난다. 동물들도 자기들을 잘 대해주는 사람들을 좋아한다. 어떤 사람이 당신을 사랑스러운 눈길로 쳐다보면 기분이 좋아진다. 그렇지 않은가? 자애는 인류가 통틀어 칭송하는 마음 상태이다. 불교를 포함한 모든 종교는 각 종교의 창시자들의 능력 가운데 무엇보다 사랑의 능력에 관해서 서술하고 있다. 창조

달라이 라마의 입보리행론 강의

주를 논하는 종교들은 창조주의 은총에 대해서 말한다. 그리고 정신적인 의지처를 주는 창시자들의 주요한 자질이 사랑이다.

자애로 가득 찬 정토(淨土)에 관해서 말하면, 사람들은 그곳에 가고 싶다는 마음이 든다.[50] 그러나 전쟁과 불화의 땅에는 누구도 가고 싶어 하지 않을 것이다. 사람들이 사랑의 가치를 높이 평가하고 분노, 싸움, 도둑질, 탐욕 그리고 남을 해치려는 마음 등의 해로운 감정과 행동들을 싫어하는 것은 매우 자연스러운 것이다. 따라서 모든 인류가 자애를 높이 기린다면, 우리는 더욱 노력해서 자애로운 마음을 함양해야 한다. 또 반드시 그렇게 할 수 있다.

많은 사람들이 손해를 감내하며 참는 것을 약한 모습이라고 생각한다. 그러나 나는 그것이야말로 잘못된 생각이라고 말하고 싶다. 오히려 성내는 것이 약함의 반증이며, 참는 것은 강함의 증거이다. 예를 들어 반박할 수 없는 근거에 기반해 논쟁하는 사람은 확신이 있어서 자신의 논거를 증명하면서 여유롭게 미소까지 지을 수 있다. 그러나 논거가 약하고 논쟁에서 패하고 체면을 구기기 직전이라면, 화를 내고, 자제심을 잃고, 말도 안 되는 이야기를 하기 시작할 것이다. 사람들은 자신이 무엇을 하고 있는지 확신이 서면 거의 화를 내지 않는다. 화는 혼란한 순간에 더 쉽게 일어난다.

50_ 정토는 중생의 복력에 따라 붓다 혹은 보살이 이루어내는 세계이다. 정토에 태어나는 것은 불성을 매우 빨리 성취할 수 있는 길이다.

22.
황달 등 [병이라는] 크나큰 괴로움의 원천에는
화를 내지 않으면서,
어째서 마음을 지닌 존재(有情)들에게는 화를 내는가?
그들 모두 [번뇌라는] 조건(緣)으로 인해 조종당할 뿐이다.

괴로움은 살아있는 생명체, 또는 어떤 현상이 일어나는 것을 원인으로 삼는다. 가끔 날씨와 같은 살아있지 않은 현상들 때문에 피해를 입어 욕을 할 수는 있지만, 살아있는 것이 대상이 된다면 화를 내는 횟수가 많아진다. 우리를 불행하게 만드는, 생명 있는 존재가 일으키는 원인들을 분석해보면, 그 원인들 역시 다른 조건들의 영향을 받고 그렇게 한다는 것을 발견할 수 있다. 이렇게 본다면, 나를 괴롭히는 그들 역시 다른 조건들의 영향 아래에 있으므로, 그들은 사실상 무력한 존재들이다. 따라서 그들에게 화를 낼 필요가 없다.

24.
'화를 내겠다'라는 의지 없이
사람들은 자연스레 화를 낸다.
'일으키겠다'라는 의지 없이
화는 일어나게 된다.

25.

이와 같이 모든 악행과

가지가지의 불행들은

모두 조건의 힘으로 일어난 것이며,

자기의 힘으로 존재하는 것이 아니다.

26.

그 모인 조건들 역시 '발생하겠다'라는 의지가 없다.

[모인 조건들]에 의해 일어난 그것 또한

'내가 생겨나겠다'라는

의도가 있는 것은 아니다.

여기에서 샨띠데바는 고대 인도의 외도(外道) 중 하나인 상캬 (Sāṃkhya) 학파를 논파한다.

27.

[상캬 학파가] 주장하는 근본물질(根本物質, prakṛti)과

진아(眞我, puruṣa)라는 것들도

스스로 '나는 생겨날 것이다'라는

의식이 있어서 생겨나는 것은 아니다.

28.

[근본물질과 진아는] 발생하는 것이 아니기 때문에

존재하지 않는다.

그렇다면 [근본물질로부터] 발생했다는 주장은 무엇인가?

[진아는] 영원히 대상에 주의를 기울이기 때문에

그 상태가 멈추는 일은 결코 없다.

불교의 견해에 따르자면, 원인 없이 일어나는 것은 절대 있을 수 없다. 모든 것은 다른 어떤 것들에 의해 조건지어진다. 똑같은 원칙이 악업에도 적용된다.

상캬 전통의 견해에 따르자면, 세계는 스물다섯 가지 원리 (tattva)들이 있는데, 그 가운데 근본물질, 즉 원초적인 질료[原質, prakṛti]는 영원하며, 모든 곳에 있고, 독립적이고 절대적인 진리라고 한다. 모든 현상은 이 근본물질에 기인한다고 한다. 상캬는 또한 진아(眞我), 혹은 원초적 의식(puruṣa)의 존재를 주장한다. 이 원초적 의식인 진아 역시 영원하고, 독립적이며, 근본물질이 나타낸 세계를 경험한다.[51]

불교는 원인에 의지하지 않는 독립적인 존재의 가능성을 부정한다. 모든 현상은 서로 의존하고 있다. 어떠한 현상도 원인 없이

51_ 역자주: 상캬 학파의 교리에 대해서는 T. R. V. Murti 저, 김성철 역《불교의 중심 철학: 중관체계에 대한 연구》를 참조하라.

달라이 라마의 입보리행론 강의

자기 스스로 갑자기 생겨나는 것은 없다고 말한다. 만일 근본물질이 모든 것을 생기게 하는 근원이라고 한다면, 그 자신도 생기게 할 수 있어야 할 것이다. 그러나 자기 자신을 생기게 하지 못한다면, 어떻게 이것이 다른 것을 생기게 할 수 있다는 것인가?

불교는 모든 것은 원인과 조건으로부터 생기며, 따라서 원인 없는 최초의 원인은 없다고 가르친다. 만일 그러한 것이 있다면, 아무것도 없는 무(無)로부터 모든 것이 일어난다고 말할 수 있을 것이다! 그렇지 않다면, 원초적인 존재가 끊임없이 다른 것들이 생기도록 원인의 역할을 할 수 있어야만 한다. 그러나 우리가 알듯이, 현상은 때로는 일어나기도 하고 때로는 그렇지 않기도 한다. 이것은 서로 의존하는 원인들과 조건들이 함께해서 현상을 일으킬 때도 있고, 그렇지 않을 때도 있기 때문이다.

만일 원인이 독립적이고 현상을 끊임없이 일으킬 수 있다고 한다면, 지속적으로 존재할 수 있어야 할 것이다. 그러나 그 결과들은 지속적으로 존재하지 않기 때문에, 불교에서는 그 현상들의 원인이 영원하지 않다고, 즉 그 원인이라는 것은 무상(無常)하다고 주장하는 것이다. 만일 홀로 존재하며 어디에도 존재하는 창조주라는 것이 있다면, 그 창조주가 만들어낸 피조물인 현상들 혹은 그 창조의 결과들 역시 영원해야만 한다. 그러한 창조주에 대한 믿음은 논리적이지 못하다.

영원하며 변하지 않는다는 진아가 진정 불변의 존재라면, 그 존재의 모든 지각 역시 마찬가지로 영원할 것이며, 대상의 지각을 경험하지 않는 때란 절대 없을 것이다. 일상적인 논리는 그것이 사실이 아니라고 말한다. 우리는 현상을 지각할 때도 있고, 지각하지 못할 때도 있다. 그러나 만일 진아가 불변의 존재라면, 그 진아의 지각도 반드시 영원해야 한다.

《연기경(緣起經)》에 의하면, 모든 것은 하나의 원인으로부터 일어난다. 하지만 그 원인이 가끔씩 우주를 탄생시키는 인격을 가진 창조주가 될 수는 없다. 이 원인은 정의하자면 불변하며, 따라서 그 자신이 자기 자신의 원인이어야만 한다. 결국, 결과는 반드시 결과를 생산한 그 원인과 같은 성질을 가지고 있어야만 한다. 그러나 만일 우리가 영원한 원인을 믿는다면, 자유로워지는 것에 대한 믿음을 동시에 가지는 것은 매우 모순적이다. 이러한 생각은, 윤회는 영원하다고 믿으면서, 그 윤회로부터 벗어날 수 있다는 믿음도 함께 가지고 있는 것과 다를 바 없다. 어떻게 영원한데 거기서 벗어날 수 있겠는가.

상캬 학파는 근본물질이 윤회를 일으키며, 영원한 존재인 진아는 윤회 속에서 행복과 고통을 경험한다고 말한다. 정신적인 스승의 가르침과 명상을 통해, 진아는 모든 현상이 근본물질의 현현이라는 것을 깨닫는다. 이 깨달음을 통해 근본물질의 현현인 모든 현상이 융해되며, 진아를 오롯이 홀로 남게 한다. 상캬 학파는 이 상태를 자유라고 여긴다. 앞에서 설명한 것처럼 이 모든 것은 매우 모순적이다. 만약 윤회의 원인이 영원한 근본물질이라고 믿는다면, 해탈을 설명할 방법이 없다.

31.
이처럼 모든 현상은 다른 [조건들]의 힘[에 의해 존재한다.]
그 [다른 조건들의] 힘에 의해 [존재하는] 그것에는
[독립적으로 존재할] 힘이 없다.
그와 같이 이해한다면, 환상과 같은
모든 현상들에 대해 화를 내지 말아야 한다.

이것이 불교가 사람의 감정까지도 포함한 모든 것들이 서로 영향을 받으며, 따로 독립적이지 않다고 주장하는 이유이다. 원인이 결과를 낳는 과정은 조건이 함께 부합하기 때문이다. 어떠한 것도 독립적이지 않다. 만일 우리가 이것을 이해한다면, 일상에서 실제로 존재하며, 견고하다고 느끼는 행복과 고통은 마술사가 만들어 낸 환영처럼 실체가 아니라는 사실을 이해하게 될 것이다. 이러한 지혜를 바탕으로 우리는 다른 이들에게 화를 내서는 안 된다.

     어떤 사람들은 만일 모든 것이 환영이라면, 환영을 없앤다는 것 또한 환영인데, 환영으로 환영에 불과한 고통을 없애는 것이 무슨 소용이며, 가능하기나 한지 물어볼 것이다. 우리의 대답은 이러하다. 실체가 없는 환영에 불과한 고통은, 역시나 환영에 불과한 원인과 조건들의 결과이다. 고통이 환영에 불과하지만, 우리는 여전히 고통으로 괴로워하고 있으며, 모두가 고통을 원하지 않는다는 것 역시 확실하다. 행복도 마찬가지이다. 행복 또한 환영이지만 여전히 우리는 행복을 원한다. 따라서 마술사가 마법으로 만들어낸 환영을 가지고 다른 환영을 없애는 것처럼 환영으로 환영인 고통을 없애는 데 사용하는 것이다. 실제로 이것은 매우 중요한 내용으로 《입보리행론》제9장에서 아주 자세하게 다루고 있다.

33.
그러므로 적이든 친구들이든
이치에 맞지 않는 행동을 하는 것을 보게 된다면,
'다양한 조건으로 인해 일어난 것'이라고
그와 같이 생각하고 편하게 받아들인다.

나에게 우호적이든지 적대적이든지, 모든 것이 실체가 없는 환영이라고 여기고, 집착이나 화에 반응하지 않도록 노력해보자.

34.
만일 자기 마음대로 이룰 수 있다면,
누구도 괴로움은 원하지 않기 때문에
모든 몸을 가진 [중생] 역시
누구에게도 괴로움이 일어나지 않을 것이다.

38.
번뇌가 일어나면 그 번뇌에 따라
자신조차 파멸시키려는 이들에게

달라이 라마의 입보리행론 강의

조금이라도 자비심을 일으키지는 못할망정
화를 내지는 않으리라.

만일 우리가 행복과 고통 중에서 하나를 고를 수 있다면, 어떤 이도
고통을 고르지는 않을 것이며, 따라서 세상에는 고통이 발붙이지
못할 것이다. 그러나 모든 것은 서로 의존하고, 다른 원인들에 종속
되어 일어나기 때문에 행복과 고통 모두 존재한다. 사람들은 원하
지 않아도 괴로움을 받는다. 그리고 마음을 다스리지 못하고, 분노
에 농락당할 때, 우리는 자신마저도 해를 끼친다. 그러한 증오로 인
해 우리 자신까지도 해칠 수 있는데, 다른 이들을 해칠 수 있는 것은
말할 필요도 없다.

39.
만일 다른 사람들을 해치는 것이
어리석은 이들의 본성이라면,
그것에 화를 내는 것은 이치에 맞지 않으니,
불타는 것이 본성인 불에 화를 내는 것과 같다.

40.
만일 [중생이] 저지른 잘못이 우연한 것이라면,
그러한 중생의 본성에도
화를 내는 것은 이치에 맞지 않으니,

연기가 퍼진다고 허공을 질책하는 것과 같다.

우리는 반드시 자비로워야 하며, 절대 자기 자신을 해치는 어리석은 이들에게 화를 내지 말아야 한다. 그리고 다른 이들이 우리를 해칠 때, 그것이 그들의 본성인지 아니면 잠시 일어난 감정에 의한 것인지 살펴보아야만 한다. 만일 그들의 본성이라면, 그들에게 화를 내봤자 소용없는 일이다. 또한 단지 잠깐 일어난 감정에 의해서라면, 그들의 본성이 나쁜 것은 아니기 때문에 이 또한 그들에게 화를 내도 소용없다.

만일 어떤 이가 우리를 해치기 위해 무기를 쓴다면, 우리를 실제로 해치는 것은 무기이다. 우리에게 간접적으로 해를 끼치는 것은 그 사람의 화이다. 따라서 우리가 반드시 화를 내야 할 필요가 있다면, 그 무기 혹은 그 무기를 사용하게끔 만든 화가 대상이 되어야 한다. 그 사람의 무기나 화를 치워버린다면, 아무도 화를 내야 할 대상이 아니게 된다.

해를 입는 과정의 다른 조건은 고통을 받는 기반인 자신의 몸이다.

43.
[적의] 칼과 나의 몸,
둘 다 [내] 괴로움의 원인이다.
그는 칼을, 나는 몸을 일으켰는데,

누구에게 화를 내야 할 것인가?

모든 것이 여러 개의 원인에 근거하는 것과 마찬가지로, 여러 원인들 가운데 오직 하나 때문에 화가 난다는 것은 이치에 맞지 않는다.

47.
내가 한 행동에 자극을 받아
나에게 해를 끼치는 자들이 생겨난다.
그로 인해 [나에게 해를 끼친] 중생이 지옥에 간다면,
내가 그들을 망치는 것이 아니겠는가?

다른 사람들이 우리에게 저지르는 잘못은 우리가 과거에 했던 행동들의 직접적인 결과이다. 사실 과거의 행동들이 지금까지 우리를 해치게 만들어온 것이다. 이러한 관점에서 보자면, 우리의 적들을 해치고 있는 것은 우리다. 우리 자신이 부추긴 해로운 행동들 때문에 미래에는 그들이 고통을 받을 것이기 때문이다.

다른 이들이 우리에게 상해를 입힐 때, 이는 우리에게 인욕을 수행할 수 있는 기회를 주는 것이며, 이 기회를 잘 이용한다면, 셀수 없이 많은 악업을 정화하고, 많은 공덕을 쌓을 수 있을 것이다. 이처럼 대단한 기회를 주는 것이 우리의 적들이기 때문에, 사실상 그들이 우리를 돕는 것이다. 그러나 그들이 악행을 저지르고 있고, 우리가 그들의 악행의 원인이기 때문에, 실제로는 우리가 그들을 해

치고 있는 것이다. 그러므로 만일 우리가 화를 내야 할 어느 누군가가 있다면, 그 대상은 우리 자신이다. 우리는 그들의 마음가짐이 어떠하든 간에 그들에게 화를 내서는 안 된다. 그들이 사실상 우리에게 매우 유익하기 때문이다.

하지만 이 말들은 받아들이기 어려울 것이다. 적들에게 악행을 쌓게 만듦으로써 우리도 악행을 쌓고, 우리에게 인욕을 수행할 기회를 줌으로써 적들이 선업을 쌓는 것이 아닌지 의아해할 수도 있다. 그러나 그렇지 않다. 우리가 그들의 악행의 원인이 되었다 하더라도, 우리는 인욕을 수행함으로써 공덕을 쌓고 삼악도(三惡道)에 떨어지지 않을 것이다. 오히려 해를 입을 때 참지 못한다면, 적과 우리 모두에게 도움이 되지 않을 것이다. 더군다나 인내심을 잃고 화를 냈기 때문에 보살의 계율을 지키겠다는 우리의 서원을 저버리는 결과가 된다.

52.
마음은 형태가 없기에
누구도 무너뜨릴 수 없다.
하지만 몸에 강하게 집착하면,
육체적 고통에 의해 괴로워진다.

마음은 물질이 아니기 때문에 누구도 마음에 해를 끼칠 수 없다. 다른 이들이 우리에게 불쾌한 말을 하더라도, 그들이 우리를 물리적

달라이 라마의 입보리행론 강의

으로 다치게 하는 것은 아니다. 만일 진심으로 이렇게 생각하고 있다면, 참을 수 없는 일은 아무것도 없다. 만약 사람들이 우리에게 나쁜 말을 할 때 그저 참고만 있으면, 그 말에 전염되어 삶이 불행해지고 성공으로부터 멀어지는 게 아닐까 걱정하는 사람도 있을 것이다. 그러나 그렇다고 해도 크게 잘못될 것은 없다. 대단한 명예나 칭찬이란 이번 삶 속에서만 누리는 것에 불과하다. 다른 이들이 우리의 명예와 성공을 깎아내리고 험담한다는 생각에 다른 이들에게 화를 낸다면, 그로 인해 쌓인 악업은 앞으로 우리의 삶을 계속 따라다닐 것이다.

62.
만약 사람들이 자신을 비방하는 말을 듣고
마음 상하는 말에 화를 낸다고 말한다면,
그대는 [누군가가] 다른 이들에게 마음 상하는 말을 할 때도
그처럼 화를 내야 하지 않겠는가?

사람들이 우리에게 불쾌한 말을 할 때 매우 기분이 나빴다면, 다른 사람들에게도 악담할 경우 마찬가지로 화가 나야만 한다. 어찌 됐든 동일하게 불쾌한 일이기 때문이다. 그러나 다른 사람에 대해 악담을 듣게 되면 그 악담의 원인이 우리와 관계없다고 생각하고, 그러한 악담을 듣더라도 무관심해진다. 어째서 내가 비난받을 때는 불쾌하고 화가 나지만, 남의 악담에는 그토록 무관심하고 너그러울

수 있을까? 나쁜 감정에 빠져있는 어떤 이가 우리에게 악담을 쏟아 부을 때, 왜 우리는 우리 자신이 화를 내도록 놔두는 것일까? 결국 그 공격의 책임이 있는 것은 그 사람들이 아니라 번뇌이다. 따라서 다른 사람들이 우리를 비난할 때 화를 내지 않을 만큼 지혜롭다면, 다른 사람들이 붓다를 모욕하고, 불상을 부수고, 사원들을 태우고, 위대한 스승들을 욕되게 하는 등의 악한 행동들을 할 때도 참고 있어야만 한다.

64.
불상과 불탑, 불법을
무너뜨리고 부수는 사람들이라 할지라도
내가 분노를 일으키는 것은 이치에 맞지 않는다.
붓다 등은 해를 입는 일이 없기 때문이다.

74.
욕심을 채우기 위해 불에 타는 등
지옥을 수천 번 경험했건만,
나는 나에게 이익이 되는 것도,
남에게 이익이 되는 것도 하지 않았다.

75.
[지금] 이 [괴로움]은 조금도 해가 되지 않으며,

큰 이익을 성취하게 될 것이기 때문에
중생의 해악을 제거하기 위한 고통은
기쁘게 받아들이는 것이 합당하다.

예를 들어, 사형을 선고받은 사람에게 한 손을 자르는 것을 조건으로 사형을 면하게 해준다고 하면 그는 안도할 것이다. 마찬가지로, 우리가 아주 작은 상해를 입음으로써 크나큰 고통을 정화할 수 있는 기회가 주어진다면, 반드시 그 기회를 받아들여야 한다. 모욕을 참을 수 없어서 화를 낸다면, 우리는 그저 미래에 만나게 될 더 나쁜 고통을 만들어내고 있을 뿐이다. 이 일이 쉽다는 말은 아니다. 그러나 관점의 폭을 넓히고 앙갚음을 자재하도록 반드시 노력해야만 한다. 또한 우리가 어진 마음을 가지겠다고 마음먹은 지금, 다른 사람들이 우리를 욕한다 하더라도 화를 내지 않기 위해서 노력해야 한다. 인욕을 하는 것은 쉽지 않다. 그러기 위해서는 상당히 주의를 집중해야 한다. 그러나 이러한 어려움을 견뎌내어 얻을 수 있는 결과는 매우 크다. 그것이 행복으로 가는 길이다!

79.
[누군가로부터] 자신의 공덕이 칭찬받으면,
다른 이들도 기뻐하기를 바란다.
[그러나] 다른 이들의 공덕이 칭찬받을 때,
그대는 즐거워하지 않는다.

흔히 싫어하는 사람들이 칭송을 받으면 우리는 질투를 한다. 그러나 이는 어리석은 마음이다. 다른 사람들에 관해 좋은 말을 들을 때, 우리도 그 칭찬을 거들 수 있어야 한다. 이를 통해 약간의 기쁨을 얻을 수 있을 것이다. 우리가 싫어하는 사람들이 칭찬받을 때 즐거워하고 만족감을 느낄 수 있다면, 우리는 진정 보살행을 실천하고 있는 것이며 붓다들도 그렇게 인정할 것이다. 우리가 이렇게 수행하고 행동할 때, 적들조차도 우리를 존경하게 될 것이다. 이것이 다른 이들로부터 존경을 받는 최고의 방법이다.

80.
모든 중생이 행복하기를 바라는 마음으로
보리심을 일으켰다면,
중생이 스스로 행복을 찾는 일에
어찌 화를 낼 수 있겠는가?

누군가가 칭찬받을 때 함께 기뻐할 수 없다면, 타인의 행복에 질투심만 느끼게 될 것이다. 그렇게 된다면 다른 사람을 도우려는 마음도 생겨나기 어렵다. 이는 오히려 우리의 마음을 메마르게 할 것이며, 타인을 즐겁게 할 수 있는 어떤 것도 받아들이려 하지 않을 것이다. 나 자신이 칭찬받기를 즐긴다면, 타인이 칭찬받고 즐거워하는 모습에 질투를 느끼는 것은 잘못된 마음의 작용이다.

83.

중생이 기뻐하기를 바라지 않는다면,

그들을 위한 보리심이 어떻게 일어나겠는가?

다른 이들의 풍요로움에 화를 내는 사람이

어찌 보리심을 지닐 수 있겠는가?

모든 중생을 위해 일체지를 성취하겠다고 서원을 세웠으므로, 우리가 돕고자 하는 그 중생이 작은 행복을 가졌을 때는 성을 내는 것이 아니라 기뻐해야 하는 것이 마땅하다. 우리는 모든 괴로움을 몰아내고, 행복을 성취하겠다고 다짐했다. 따라서 다른 이들이 행복하다면, 우리가 짊어지고 있는 책임이 덜어지는 것이다. 그렇지만, 만일 우리가 다른 이들의 행복을 견딜 수 없다면, 어떻게 우리가 불성을 성취하고 있는 것처럼 행동 할 수 있겠는가?

　　다른 이들에게 좋지 않은 일이 벌어지고 있을 때, 그 불행을 즐기는 것은 무엇을 위함인가? 또 그런 마음을 갖고 사는 인생은 얼마나 처량한가!

90.

칭찬과 명예, 존경받는 것 등은

공덕이나 수명을 늘려주지 않는다.

[나에게] 도움도 안 되고, 질병을 없애지도 못하며,

몸을 안락(安樂)하게 만들어주지도 않는다.

단순히 칭찬을 하는 것은 큰 도움이 되지 않는다. 사람들의 복덕을 늘려주지도 않을뿐더러, 오래 살도록 해주지도 않는다. 그저 한시적인 즐거움만을 원해서 마약 같은 것에 손을 대는 사람도 있다. 그러나 대부분 사람들은 계속해서 돈을 들여, 친구들까지 속여가면서 가식적이고 헛된 모습을 유지하려고 기를 쓴다. 정말 어리석은 일이다. 그들의 현재 상태와 명성은 지금의 삶뿐만 아니라 미래의 삶에도 도움이 되지 않는다. 타인에게서 악담을 듣고 기분이 나빠졌든, 명성이 높든 행복해지는 것에는 그다지 도움이 되지 않는다.

93.
어린아이는 자신의 모래성이
무너지면 울음을 터트린다.
칭찬이나 명성이 사라지면,
내 마음도 아이처럼 [울음을 터트리고 만다.]

94.
순간적인 [칭찬의] 소리에는 마음이 없기 때문에,
[그 소리에] 나를 칭찬하겠다는 의지가 있을 리 없다.
[그럼에도 칭찬에 기뻐하는] 나를 다른 이들이 좋아한다며
명성을 기쁨의 원인으로 여긴다.

달라이 라마의 입보리행론 강의

95.
[그 칭찬이] 남에 대한 것이든, 나에 대한 것이든
다른 이들의 기쁨은 내게 하나도 도움이 되지 않는다.
이 기쁨과 행복은 그들만의 것이지,
나는 그들[의 기쁨과 행복]을 조금도 가질 수 없다.

칭찬 자체에는 마음이 없다. 마음이 없으니 우리에 관해 좋은 것을
말하려는 의지도 당연히 없다. 칭찬을 통해 얻는 공덕은 좋은 의도
로 칭찬하는 사람의 것이지, 칭찬받는 사람의 것이 아니다! 칭찬은
좋은 것이다. 우리가 칭찬을 듣고 기분이 좋다면, 칭찬하는 사람들
이 우리의 적을 칭찬하더라도 역시 기뻐해야 한다. 모든 이들을 평
등하게 대함으로써 보리심에 한 발짝 더 다가갈 수 있다.

98.
칭찬 등이 [보리심 수행으로부터] 내 마음을 돌리고,
[윤회를] 혐오하여 벗어나려는 마음도 없애버린다.
[칭찬 등이] 공덕을 가진 이를 시기하게 하고,
[칭찬 등이] 원만함까지 없애버린다.

만일 당신이 칭찬받은 내용에 관해서 생각하고 있다면, 이 칭찬은
정신이 산만해지는 원인이 된다. 가령 이제 막 수행을 시작하려는,
겸손하고 적은 것에도 만족할 줄 아는 스님에게 사람들이 "그는 큰

스승(라마)이야"와 같은 귀에 솔깃한 말을 하면, 그 스님은 조금씩 오만해지고, 마치 정말 위대한 스승이 된 것처럼 행동하기 시작할 것이다. 그렇게 되면 그 스님의 마음에는 '여덟 가지 세상의 법'[52]이 더욱 강해진다. 그렇지 않겠는가? 칭찬은 산만함의 원인이며 출리(出離)의 마음을 무너뜨린다.

　　다시 말하자면, 가진 것이 적을 때는 다른 이들과 경쟁해야 할 특별한 이유가 없다. 그러나 자라면서 "겸손한 스님이 머리를 기르기 시작"할 때, 그는 자만하게 되고 더욱더 영향력이 있어지면서 중요한 보직을 차지하기 위해 다른 이들과 경쟁을 한다. 다른 이들의 장점을 보면 시기심을 느끼며, 결국에는 이 시기하는 마음이 우리가 가진 모든 좋은 자질들을 파괴한다. 칭찬을 받는 것은 좋은 일이나 한편으로 악행의 씨앗이 될 수도 있다.

99.
그러므로 곁에서 나의 칭찬 등을
무너뜨리는 사람들은
내가 악도(惡道)에 떨어지는 것을
막아주기 위해 있는 것 아니겠는가?

52_　　역자주: 'jig rten chos rgyad. 세상의 여덟 가지 법은 행복에 대한 바람과 고통에 대한 두려움, 명성에 대한 바람과 무명(無名)에 대한 두려움, 칭찬에 대한 바람과 비난에 대한 두려움, 이득에 대한 바람과 손실에 대한 두려움이다.

우리의 궁극적인 목적은 깨달음이기 때문에, 우리의 적들에게 화를
내지 말아야 한다. 그들은 사실상 깨달음의 성취를 가로막는 모든
장애물을 물리쳐주기 때문이다.

101.
기꺼이 [중생을 위해] 고통받기 원하는 나에게
붓다께서 가피를 주듯이,
[명성과 명예를] 얻지 못하게 막는 문[과 같은 그들에게]
내가 어찌 화를 낼 수 있겠는가?

102.
이들이 내 공덕행을 막는다고 말하며,
화를 내는 것은 이치에 맞지 않는다.
인욕(忍辱)처럼 성취하기 힘든 것이 없다면,
나는 [인욕의 수행]에 머물러야 하지 않겠는가?

적들이 우리가 수행하는 것을 훼방 놓는다든지, 이것이 화를 내는
이유라든지 하는 변명을 자기에게 하는 것은 아무런 도움이 되지
않는다. 만일 우리가 진심으로 한 걸음 나아가고 싶다면 인욕만큼
중요한 수행은 없다. 인욕을 수행하지 않으면서 수행자라고 말할
수 없다.

만일 우리가 적들이 입히는 상해를 견뎌내지 못하고 화를 낸

다면, 우리 자신이 막대한 공덕을 쌓는 데 장애물이 되어버리고 만다. 원인 없이 존재하는 것은 아무것도 없다. 그리고 우리에게 못되게 구는 사람들 없는 인욕 수행 역시 없다. 그렇다면 대승 수행의 근본인 인욕행(忍辱行)을 가로막는 그러한 사람들을 무엇이라고 불러야 할까? 걸인(乞人)을 보시행(布施行)의 장애물이라고 부를 수는 없다.

자선을 해야 할 수많은 이유가 있다. 세상은 도움이 필요한 사람들로 가득 차 있다. 그에 비해서 우리를 화나게 하고 인내심을 시험하는 사람들은 상대적으로 적다. 따라서 우리가 이 희귀한 적들을 만나게 되면 그들의 가치를 인정해줘야 한다.

107.
그러므로 고생하지 않았는데
집 안에 보물이 나타난 것처럼
[나의] 보리행을 도와주기에
나는 적[의 행위]를 기뻐해야만 한다.

우리가 적들을 통해서 인내할 때, 그 인욕행의 결과를 그들에게 회향해야 한다. 그들이 우리에게 수행을 시켜주었기 때문이다. 그들은 지금까지 우리에게 매우 잘 해주어 왔다.

이런 의문이 들 수도 있다. 우리에게 인욕행을 수행하도록 해줄 의도가 전혀 없던 그들이 어째서 공덕의 회향의 대상이 되는

달라이 라마의 입보리행론 강의

가? 그러나 우리의 존경을 받을 대상이 되기 위해서 반드시 우리를 돕겠다는 선한 의지를 가진 존재이어야 할 필요는 없다. 고통의 종식과 행복의 원인이자 붓다의 가르침인 다르마는 우리를 돕겠다는 의지가 전혀 없지만, 우리의 존경을 받을만한 대상이다.

　　적들이 적극적으로 우리를 해치고자 하기 때문에 그들은 공덕의 회향을 받을만한 자격이 없다고 생각할 수도 있다. 그러나 모든 이들이 우리를 고쳐주는 의사처럼 친절하고 선한 의지가 있다면, 우리가 인욕행을 수행할 필요가 있기나 할까? 그리고 우리를 치료하고자 하는 의지를 가진 의사도 우리에게 상처를 입힐 때가 있다. 사지를 자르거나, 절개하거나, 바늘로 찌르기도 하지만, 우리는 의사를 적으로 생각하지도 않고 그에게 화를 내지도 않는다. 따라서 의사를 상대로 인욕을 수행할 수는 없다. 그러나 적들은 우리를 해치겠다는 의지를 가진 이들이고, 그렇기 때문에 그들을 대상으로 인욕을 수행할 수 있는 것이다.

111.
그러므로 [적의] 지독한 증오에 의지해서
인욕행을 일으키면,
그 [적]이 인욕행의 원인이 되기 때문에
수승한 불법과 같이 존경받는 것은 당연하다.

112.
그러므로 [붓다께서는] 중생의 세계와
승리자(붓다)의 세계 [모두를] 성취하는 것을 가르치셨다.
그들을 기쁘게 한 많은 이들은
이와 같이 [수행함으로써] 완전한 피안으로 나아간다.

우리가 공덕을 쌓을 수 있는 데는 두 곳이 있다. 바로 붓다와 중생이
다. 중생은 비참한 처지에 있지만, 그들의 도움으로 우리는 공덕을
쌓고, 보리심을 기르고, 육바라밀을 수행하며, 열반의 면모를 성취
할 수 있다.

　　중생이 없다면 연민의 마음을 가질 수 없다. 그리고 연민의
마음이 없다면, 우리는 위없는 깨달음을 성취하는 것이 아니라 열
반의 극단에 빠지고 말 것이다.[53] 따라서 위없는 최고의 깨달음을
성취할 수 있는가와 우리가 수행의 길 위에서 앎을 깨칠 수 있는가
는 붓다에게 달려있는 것만큼이나 중생에게도 달려있다. 붓다는 수
승하고 중생은 저열하다는 식으로 말하며 이 둘을 가르는 것은 잘
못이다. 그들 모두 동등하게 깨달음의 성취에 필수적인데, 어째서
우리가 붓다를 존경하는 만큼 중생을 존경할 수 없겠는가?

53_　　역자주: 대승의 열반은 위 없는 깨달음, 즉 무상정등각(無上正等覺,
anuttarasaṃyaksaṃbodhi)은 열반과 윤회의 극단에 머무르지 않는 무주처열
반(無住處涅槃)이다. 자세한 내용은 까말라쉴라 저, 이종복 역《수행의 단계》
를 참고할 것.

114.
생각의 공덕은 서로 다르지만,
결과는 비슷하다.
중생 역시 공덕을 가지고 있으므로,
그들은 [나와] 동등하다.

물론, 그들의 모든 자질이 동등하다는 것은 아니다. 그러나 우리가 공덕을 쌓고 깨달음을 성취하는 것을 도와줄 수 있다는 면에서는 그들이 동등하다고 말할 수 있다.

119.
더불어 정직한 친척들이 되고,
무량한 이익을 주는 이들에게,
그 중생을 즐겁게 해주는 것 말고
무엇으로 보답해줄 수 있을까?

122.
모든 이의 행복이 성취자들을 기쁘게 하며
누구든 해를 당하면 슬프게 한다.
그들의 행복이 모든 성취자들의 기쁨이며,
그들을 해치는 것은 성취자를 해치는 것이다.

만일 우리가 붓다들께 진심으로 귀의한다면, 우리는 그들의 바람을 존중해야 한다. 어찌 되었건, 일상생활 속에서 친구들에게 어느 정도 적응하고 그들이 바라는 바를 존중해주는 것은 당연하다. 그렇게 할 수 있는 능력은 좋은 면모라고 여겨진다. 그렇지 않고 우리가 진심으로 붓다, 붓다의 가르침인 다르마 그리고 붓다의 가르침을 따르는 무리인 승가에 귀의를 하면서도, 행동에 옮길 때는 정반대로 한다면 정말 슬픈 일이다. 우리는 평범한 사람들의 방식을 따를 준비는 되어 있지만 붓다들이나 보살들의 가르침을 따를 준비는 되어 있지 않다. 얼마나 불쌍한가! 예를 들어, 만일 한 기독교인이 하나님을 진정으로 사랑한다면, 그는 그 사랑을 모든 인류 동지에게 베풀어야만 한다. 그렇지 않다면, 그는 자기 종교를 충실히 따르지 않는 것이다. 그의 말과 행동이 부합되지 않기 때문이다.

127.
이 [중생을 행복하게 해주는]것이 여래(如來)를 기쁘게 하는 것이며,
온전히 자신의 목적을 성취하게 해주는 것도
이 [중생을 행복하게 해주는] 것이다.
세상의 괴로움을 없애는 것 역시 마찬가지이다.
그러므로 나는 언제나 [중생의 행복을 위해] 일하리라!

예를 들어, 왕 혹은 대통령의 대사들은 아무리 하찮게 보이더라도 존경을 받아야만 한다. 그들이 나라 전체를 대표하기 때문이다. 마

찬가지로, 모든 존재는 그들이 비참한 상황에 빠져있다 하더라도 붓다들과 보살들의 가호 아래에 있다. 그러므로 생명을 직접 해치는 것은 붓다들과 보살들을 간접적으로 해치는 것이다. 따라서 우리는 이것에 관해서 매우 신중하게 생각해야 한다.

만일 우리가 중생을 기쁘게 할 수 있다면, 그것이 일체지를 성취하는 데 일조를 할 것이라는 사실은 두말할 나위 없다. 더불어 이번 생에도 우리는 행복할 것이며, 안락할 것이며, 좋은 평판을 받고, 많은 친구를 가질 것이다. 미래의 생에 우리는 보기 좋고, 힘세고, 건강할 것이며, 공덕의 결과인 여덟 가지 자질을 가지고 보다 높은 세계에서 태어날 것이다.[54] 이러한 불법(佛法)을 수행하기 적합한 조건들 아래에서 우리는 마침내 깨달음을 성취하게 된다. 그러니 다른 이들을 돕는 것은 불성을 성취하는 길의 토대를 이루는 것이다.

이 중요한 인욕에 관한 장은 이타심의 자질과 이기심의 불이익을 이해함으로써 다른 이들의 이로움을 위해 일할 방법을 보여줄 여덟 번째 장의 기반이다.

일반적으로 보리심에 관한 주요 장애물을 바로 적이라고 한다. 만일 우리가 적을 존경과 감사를 느낄 수 있는 누군가로 바꿀 수 있다면, 우리의 수행은 저절로 진보할 것이다. 마치 땅속의 물길을

54_ 역자주: 여덟 가지 자질이란 불법을 수행하기에 적합한 여덟 가지 특징들로, 장수(長壽), 건강하고 매력적인 몸, 선하고 명망 있는 가족, 부, 명예와 많은 좋은 친구들, 정직하고 신뢰할 수 있는 언변, 다른 이들에 대한 강력한 영향력, 남성의 몸으로 태어나는 것이다.

따라 흐르는 물처럼.

　　참는다는 것은 우리에게 해를 끼치는 이들에게 화를 내지 않
으며, 화 대신에 연민의 마음을 가지는 것을 말한다. 그러나 이것은
그들 마음대로 하도록 내버려 둔다는 뜻이 아니다. 예를 들어, 우리
티베트인들은 다른 이들의 손아귀에서 아주 힘든 고난을 겪어왔다.
그러나 만일 그들에게 화를 낸다면, 우리는 오직 패자가 될 뿐이다.
이것이 우리가 인욕을 수행해야 하는 이유이다. 그러나 우리는 불의
와 억압이 자행되도록 묵과하지는 않을 것이다.

제 7 장

정진(精進)의 실천

보리심을 성취하겠다고 발심하고 그 마음의 변화를 예방한 다음에는, 보리심을 닦는 방법을 끊임없이 배우고 발전시켜야 한다. 이것이 7장부터 9장까지 산띠데바가《입보리행론》에서 논하는 내용이다. 그 가운데 첫 번째가 정진행이다.

정진이 필요한 이유는 무엇일까? 만일 물질적인 진보를 생각한다면, 한 사람이 시작한 연구를 다른 사람이 이어받아 계속하는 것을 볼 수 있다. 그러나 정신적인 발전에서는 이것이 불가능하다. 붓다의 가르침 속에서 우리가 논하는 깨달음이란 개개인이 성취해야만 한다. 그 누구도 우리를 위해 대신해 줄 수 없다. 물론, 만일 장래에 아무 힘든 일 없이 어떤 모종의 주사를 맞는다든가 새로이 발전된 컴퓨터의 도움을 받아 깨달음을 얻을 수 있다면 대단한 일일 것이다. 그런 시대가 반드시 오리라는 절대적인 확신이 있다면 그저 누워서 깨달아지기를 기다리면 된다. 그러나 그런 시대가 정말로 올까? 차라리 열심히 노력하는 것이 나을 것이다. 따라서 우리는 정진의 힘을 길러야 한다.

1.
이와 같이 인욕으로 정진한다.
이와 같이 정진하여 보리심에 머무른다,
바람이 없으면 흔들리지 않는 것처럼.
공덕은 정진 없이는 일어날 수 없다.

인욕을 수행하는 방법에는 여러 가지가 있다. 우리를 해치는 사람에 대해서 나쁜 생각을 하지 않는다든가, 괴로움을 수행의 방법으로 생각하는 것이 그 예가 될 수 있다. 이 두 가지 예 가운데 후자가 정진의 힘을 일으키는 데 더 중요하다. 우리는 정진을 통해 깨달음을 성취할 수 있다. 샨띠데바가 "정진하여 보리심에 머물러"라고 말하듯이 말이다. 등잔에 부는 바람을 막아야 등잔불이 흔들리지 않고 잘 타는 것처럼, 정진은 중생을 위해 보리심을 이루겠다는 선한 마음이 방해를 받지 않고 자랄 수 있도록 도와준다.

무엇이 정진인가? 선을 행하면서 즐거움을 찾는 것이 정진이다. 그렇게 하기 위해서는 선한 행동을 방해하는 모든 요소, 특히 나태함을 제거해야 할 필요가 있다. 나태함에는 다음과 같은 세 가지 유형이 있다. 선을 행하겠다는 아무런 의지가 없음, 악행들에 의해 주의가 산만해짐, 자기 자신의 능력을 의심해서 자신을 과소평가하는 것이 그 셋이다. 이들과 관련된 것으로는 게으름을 피우면서 부적절한 즐거움을 취하는 것, 잠 그리고 윤회가 괴로움이라는 것에 무관심한 것들이 있다.

4.
번뇌의 덫에 걸리고,
태어남의 그물에 떨어지고,
죽음의 왕, 야마의 입으로 향하고 있는데,
아직도 모르고 있는가?

우리는 모두 행복을 원하고 괴로움을 피하고 싶어 한다. 그러나 번뇌에 사로잡혀 우리의 마음은 절대 평화롭지 못하다. 번뇌가 일어나면서 부정적인 생각들이 우리의 마음을 흔들어 놓는다. 더군다나 이러한 부정적인 감정들은 미래에 우리가 힘든 상황에 부닥칠 때마다 쉽게 고통받도록 만든다. 이러한 부정적인 감정들이 끈질기게 남아있는데 어떻게 고통을 견딜 수 있을까? 우리가 죽을 것이라는 사실은 알고 있지만, 언제 죽을지 어떻게 알 수 있을까? 지금 이 순간부터 정진의 힘을 일으키도록 노력해야 한다.

7.
죽음은 빨리 오니,
[공덕을] 오랫동안 모으고 쌓아 올려야 한다.
[죽음의] 순간에 게으름을 떨쳤다 하더라도,
[이미 늦어] 때가 아닌데 어찌하랴?

만일 우리가 노력해야 할지 말지를 결정하기 위해 죽음의 순간까지 기다린다면, 그것은 너무 늦은 일일 것이다. 그때가 되면, 앞으로 무엇이 일어날지 모른다는 것에 대한 공포, 우리의 바람직하지 못한 행동의 기억 그리고 우리와 가까웠던 이들에 대한 집착이 우리를 괴롭히기 때문에, 우리는 정신과 육체적으로 견디기 힘들 정도의 크나큰 고통을 겪을 수 있다.

8.

이것을 아직 하지 않았을 때, 이제 막 시작했을 때,

이것을 절반 정도만 했을 때,

죽음의 왕은 불현듯 찾아온다.

[그러면] "아! 끝장났다!"라는 생각이 일어나리라.

9.

슬픔에 겨워 [내] 얼굴은 퉁퉁 붓고

눈은 충혈되고, 눈물을 흘릴 것이다.

친척들은 희망을 잃을 것이다.

[그리고 나는] 저승사자의 얼굴을 보게 될 것이다.

14.

인간의 몸이라는 배에 기대어

괴로움이라는 광대한 강으로부터 벗어나라!

이 배를 나중에는 찾기 힘드니,

어리석은 이여, 지금은 잠자고 있을 때가 아니다.

15.

기쁨의 원인이며

수승한 정법(正法)을 버리고

그대는 어째서 괴로움의 원인인

대부분의 사람은 죽음에 관해서 생각하는 것은 고사하고 듣고 싶어 하지도 않는다. 그러나 살아가면서 마음을 단련시키고 죽음을 확신과 긍정적인 자세로 마주할 수 있다면, 죽음의 다양한 면모가 우리에게 많은 도움이 될 수 있을 것이다. 그러니 우리가 많은 것을 이룰 수 있는 이 귀중한 인간의 삶을 사는 동안, 공덕을 쌓을 수 있는 선행을 멀리하고 싶어 하는 나태함의 감정에 휘말리지 않도록 해야 한다.

이 상태에서, 불교에서 마음이 이생에서 다음 생으로 계속되는 것으로 정의하는 내생(來生)이라는 주제에 관해 생각해보아야 한다. 미래의 의식은 연속 선상에 있는 그 전 순간의 의식에 의지한다. 이 미래의 의식은 과거의 의식에 의존해서 일어난다. 오로지 그 과거의 의식만이 반드시 미래의 의식의 원인이 될 수 있다.

우리는 여기서 거친 의식과 미세한 의식 사이의 차이점을 알아야 한다. 일반적으로 의식은 뇌와 뇌의 화학 작용과 연관되어 있다. 그러나 내 생각에는 그러한 뇌의 화학 작용에 의해 일어나는 의식은 거친 의식에 지나지 않는다. 거칠게 보고, 듣는 등의 의식 작용과 관련이 있는 거친 의식이 인간의 몸과 감각 기관에 의존한다는 것은 사실이다. 우리가 인간의 의식이라고 부르는 것은 인간의 몸을 지지대로 사용하는 거친 의식이다. 인간이 아닌 다른 형태를 가진 생명체들이 가지고 있는 의식은 그들의 뇌가 다르기 때문에 인간의 의식과 차이가 있다.

그러나 단순히 뇌를 지지 기반으로 사용하는 다른 감각 기관들의 거친 의식들에 근거해서 내생을 증명하는 것은 힘든 일이다. 이 거친 의식들은 자궁 속에서 감각 기관들이 발달하면서 발현하기 시작한다. 그러나 이번 생에서 다음 생으로 지속되는 의식은 미세한 의식으로 경험하고 알아차리는 기관이며, 마음 본연의 청명함이다. 만일 이전 삶의 미세한 의식이 아무런 원인 없이 일어난다면, 내생은 사실상 설명하기 힘들 것이다.

젊은 시절의 경험을 기억하는 것을 가능하게 하는 기억을 차치하더라도, 우리 모두는 마음이 반응하게 하는 특정한 상황과 영향 아래에서 일어나는 잠재적이고 무의식적인 성향을 가지고 있다. 그러한 성향은 최근 혹은 먼 과거에 겪었던 아주 강력한 경험의 소산으로써, 그러한 경험에 대한 기억 없이도 우리를 무의식적으로 반응하도록 만든다. 이러한 성향이 무엇인지 설명하기는 어렵다. 더불어, 이 성향이 미세한 의식에 남아있는 과거 경험들의 흔적이라고 말하는 것밖에는 어떻게 그들이 나타나는지 설명할 길이 없다.

과학에서 우주의 기원에 관해 설명하기 위해서 빅뱅 이론을 이야기하고 있을 때, 우리는 불교도로서 그 빅뱅 역시 일어나는 원인이 있어야 한다고 말할 것이다. 모든 것은 원인과 결과의 끝없는 연쇄반응의 결과이다. 그러나 사실 그 모든 것의 최초의 원인은 찾을 수 없다. 의식에는 시작이 없으며, 연속 선상의 내생, 혹은 우주를 만드는 원자들에는 시작이 없다. 단지 현상의 본질일 뿐이다.

이 맥락 속에서, 현상이 일어난 결과들에 따르거나, 현상의 상호의존성에 따라서 분석한다. 상호 의존성에 관련된 분석에 대해서, 우리는 결과가 존재한다면 원인도 존재한다고 말한다. 원자가 원인 없이 존재하지 않는 것처럼 마음 역시 그러하다. 우리가 두 가지 화학 물질을 섞으면, 화학 반응이 일어나고 새로운 물질이 만들어진다. 마찬가지로, 아주 성미 급한 사람이 자애(慈愛)를 오랫동안 수행하면 성격이 차츰차츰 변할 것이다. 물론 성질을 잘 내는 그의 성향을 완전히 바꾸기 어려울 수도 있다. 그러나 그 전보다는 훨씬 덜 성질을 내게 될 것이다. 이러한 성격의 변화가 일어나는 것은 화와 자애라는 두 종류의 의식이 서로 의존하기 때문에 일어나는 것이다. 일어난 결과에 대한 분석에 관해서, 우리는 화학 반응을 엔트로피 변화로 이야기할 수도 있다. 마음에 관해서도 똑같은 방식의 분석이 가능하다. 만일 화의 해로운 결과들과 사랑의 이로운 결과들에 관해서 사색해본다면, 사랑의 강력함에 새로운 확신을 얻을 수 있을 것이며, 사랑을 실천하겠다는 마음이 점점 더 강해질 것이다. 이것이 현상의 본질이며, 이를 제대로 아는 것이 중요하다. 나는 모든 이들이 이 현상의 본질에 관한 불교적 설명에 만족해할지는 모르겠다. 그러나 이러한 방식의 사고는 많은 질문에 훌륭한 해답을 제시해 줄 것으로 생각한다.

정진에 대한 이야기로 돌아가서, 만일 선행을 하지 않으려는 나태함을 없애고자 한다면, 먼저 우리 인간의 삶이 얼마나 짧은지에 대해서 생각해보아야 할 것이다. 산스크리트어로 나태함은 "쓰

달라이 라마의 입보리행론 강의

지 않음"이다. 우리가 행하는 모든 덕행은 현재와 미래에 이익을 주게 될 것이다. 그 반면에, 우리 자신을 번뇌에 내맡기는 것은 이 삶과 미래의 삶의 우리를 망가뜨릴 것이다. 그러니 앞서 말한 세 가지 유형의 나태함 가운데 두 번째인 악행들에 의해 주의가 산만해짐으로 인해 우리의 삶을 허비하지 않도록 조심해야 한다.

16.
[그러니] 낙심하지 말라. [뒷받침해줄] 힘을55 모아라.
성실하게 받아들여 자신을 자제하라.
나와 남을 동등하게 보며,
나와 남의 [자리를] 바꾸어보라.

세 번째 유형의 나태함은 자기 자신을 과소평가하고 자기는 절대 깨달음을 얻을 수 없다고 단정 짓는 데서 일어난다. 그러나 그렇게 기죽을 필요는 없다. 우리 모두 불성을 깨달을 수 있는 잠재력을 가지고 있기 때문이다. 만질 수 있는 것은 아니지만, 마음의 참모습은 번뇌에 가려졌다 하더라도 우리 안에 존재한다. 이렇기 때문에 가

55_ 역자주: 여기에서 힘이란 칠각지(七覺支), 사대치력(四對治力, gnyen po stobs bzhi) 등의 수행의 힘을 말한다. 여기서 사대치력이란 ① 자기의 행동을 참회하는 힘, ② 다시는 같은 잘못을 범하지 않겠다는 결단의 힘, ③ 붓다에 대한 굳건한 귀의와 잘못을 저질렀던 중생에게 자비를 행하겠다는 대상의 힘, ④ 이와 같은 세 가지 힘을 바탕으로 하는 행위의 힘이다.

장 작은 미물이라 하더라도 정진을 하면 깨달음을 성취할 수 있는 것이다.

17.
"내게 보리심이 [가능하기나 하겠는가]?"라며
낙심하지 말라.
이와 같이 여래께서는,
진리를 말씀하시는 분께서는 그 진리를 이렇게 말씀하셨다.

18.
"파리, 등에, 벌과 같은
벌레들이 된 그 [중생] 또한
정진의 힘을 일으키면
얻기 힘든 가장 수승한 보리심을 성취할 수 있다."

19.
[그에 비해] 나는 심지어 사람이라는 종족으로 태어나
이익과 손해를 구분할 수 있으니,
보살의 수행을 절대 내려놓지 않는다면,
내가 어찌 보리심을 성취하지 못하겠는가!

우리는 또한 우리의 몸, 소유물 그리고 우리의 모든 공덕까지 내주

달라이 라마의 입보리행론 강의

어야 하는 그렇게 어려운 보살행을 절대 할 수 없을 것 같다는 걱정하지 말아야 한다. 초심자로서 우리가 그런 행을 할 준비가 아직 되지 않았을 수 있다. 따라서 우리는 간단하게 이러한 것들을 내어주고자 하는 바람을 일으키는 것부터 시작해서, 방편과 지혜의 수행을 통해 그들에게 마음으로 내어주어야 한다. 우리의 수행이 점점 더 강력해짐에 따라, 우리의 몸을 내어주는 것이 올바른 일인지 알 수 있는 경지까지 이르게 될 것이며, 실제로 어떠한 육체적 정신적 고통 없이 그렇게 할 수 있게 될 것이다.

28.
공덕으로 인해 건강하고,
지혜로 인해 마음이 즐거우면,
다른 이들의 이익을 위해 윤회에 머무른다 하더라도
연민의 마음을 지닌 이가 무엇 때문에 슬프겠는가!

30.
그러니 모든 [몸의] 피로와 [마음의] 슬픔을 없애는
보리심이라는 말을 타고,
행복에서 행복으로의 여행을 하는데,
어느 누가 나태하겠는가?

미팜 린뽀체의《보배의 화환》[56]에서는 불성을 성취하기 위해서 무량한 겁(劫) 동안 한량없는 공덕을 쌓아야 된다고 말한다. 이 말을 듣고 '내가 어떻게 그렇게나 많은 공덕을 쌓을 수 있을까'라는 회의적인 생각을 하고 움츠러들지 말자. 그 대신, 무량한 시간 동안 무량한 보살의 행을 쌓아 무량한 중생을 무량한 불성의 공덕을 성취하도록 인도하겠다는 소원을 일으키자. 이러한 네 가지 무량한 특징들을 가진 그러한 생각을 한순간만이라도 일으킨다면, 우리는 공덕을 어렵지 않게 쌓을 수 있을 것이다. 그러니 움츠러들어서 일어나는 나태함에 휘둘리지 말자.

31.
중생의 이익을 성취하기 위한 힘은
열망, 굳건함, 기쁨 그리고 내어줌이다.
열망은 괴로움을 뒤흔들며,
그 [열망]의 이익으로 [굳건한] 마음이 일어난다.

정진의 힘을 일으키기 위해서는 네 가지 지지대가 필요하다. 네 가지 지지대란 강렬한 열망, 굳건한 마음, 내어줌 그리고 기쁨이다. 강렬한 서원은 업과 인과를 고찰함으로써 기를 수 있다. 알다시피, 좋

56_   역자주: 닝마빠의 미팜 남겔 린뽀체(1846~1912)가 경전 등에서 뽑아 엮은 여덟 명의 보살들의 보살행에 관한 책이다.

은 결과는 선행으로 인해 일어나며, 나쁜 결과는 악행으로부터 일어난다. 그러니 모든 결함을 여의고 모든 좋은 자질을 갖춘 붓다의 경지를 성취하기 위해서는 무량한 공덕을 쌓고 무량한 수의 장애를 무량한 겁 동안 정화시키는 것이 필수이다. 이 짧은 인간의 삶 동안에 우리가 얼마나 적게 공덕을 쌓고 장애를 정화시키려고 했던가를 생각해보자. 노력을 하기 위해 박차를 가해야만 한다.

42.
선한 생각을 마음에 담고 행함으로써,
어느 곳에 태어나든,
그곳에서 [내가 지은] 복덕에 의한
좋은 결과로 인해 분명히 존경받게 될 것이다.

43.
악업을 지은 이는 아무리 행복을 바란다 하더라도
어느 곳에 태어나든,
그곳에서 [그가 지은] 악행(惡行)에 의한
괴로움이라는 무기에 의해 철저히 부서질 것이다.

44.
선행의 결과로, 광대하며 좋은 향기가 나는
청량한 연꽃의 중심에 머물며,

승리자(붓다)의 감미로운 말씀을 자양분으로 삼아 [나의]

수승함이 자라난다.

붓다의 광명으로 활짝 열린 연꽃에서 태어난 수승한 몸을 지니고,

승리자 앞에 머무는 여래의 자손(보살)이 될 것이다.[57]

《금강당대승경(金剛幢大乘經)》[58]에는 견고함, 자기 확신에 대해서 이렇게 설명한다. "태양이 떠오르면, 사람의 눈이 보이지 않든, 산이 그림자를 지우든 간에 온 세상을 비춘다. 마찬가지로, 보살이 다른 이들을 위해 몸을 드러낼 때, 그는 중생이 어떠한 장애에 걸리든 간에 그들을 윤회로부터의 자유로 이끈다."

산띠데바는 이 조언을 다음과 같이 이어간다.

47.

먼저 내 능력을 점검해서

[그 일을] 해야 할지, 하지 말아야 할지 살핀다.

[할 수 없는 일이라면] 하지 않는 것이 제일이지만,

57_ 　역자주: 꾼상뻴덴 린뽀체는 그의 주석에서 이 게송은 정토(淨土)에 태어나는 보살을 설명하는 것이라고 말한다. 정토에 태어나는 이들은 어머니의 태(胎)에 머물다 좁다란 자궁을 통해 고통스럽게 태어나는 것이 아니라, 다채로운 색의 향기로운 연꽃의 태(胎)에 머물며 붓다의 감미로운 가르침을 양분으로 자라나, 붓다의 광명으로 활짝 열린 광활한 연꽃 속에서 붓다의 32상 80종호를 갖춘 수승한 몸으로 태어난다고 한다.

58_ 　역자주:《성반야바라밀다금강당대승경(聖般若波羅蜜多金剛幢大乘經)》

시작했다면 물러서지 말아라.

어떤 행동을 실천하기 전에, 우리는 반드시 자신에게 그 일을 올바르게 완성시킬 수 있는지를 늘 물어보아야 한다. 만일 그 대답이 부정적이라면, 시작하지 말아야 한다. 일을 하다가 마는 것은 앞으로 습관의 여지를 만들어 놓는다. 그러니 우리가 어떤 것을 시작하면, 그러기로 했던 결정을 되물리지 말도록 거듭 확인해야 한다.

자기 확신이 자만과 헷갈려서는 안 된다. 자만은 아무런 타당한 이유 없이 자기 자신이 제일 잘났다고 생각하는 것이다. 자기 확신은 어떤 일을 올바르게 실천할 수 있다는 것을 아는 것이며, 절대 포기하지 않겠다고 다짐하는 것이다.

평범한 중생은 상대적으로 그다지 중요하지 않은 목적을 위해 아주 많은 노력을 기울일 준비가 되어 있다. 우리는 모든 중생을 윤회로부터 해탈시키겠다는 보다 중대한 목적을 위해 일을 하겠다고 서원을 했다. 그러니 우리는 반드시 견고한 확신을 가지고, '내가 이 일을 하는 단 한 명의 사람이라 할지라도, 나는 모든 중생의 이로움을 위해 일하겠다'라고 생각해야 한다.

50.
번뇌에 힘없이 [흔들리는] 이 세상 사람들은
자기의 이익을 이루지도 못한다.
[윤회의 세계를] 떠도는 이 [중생]은 나처럼 못하니,

내가 이를 해야 하리라.

52.
죽은 뱀을 만나면,
심지어 까마귀조차 가루다 행세를 한다.
만일 내가 변변치 않다면,[59]
작은 실수도 [내게] 해를 끼칠 것이다.

53.
용기를 잃어 정진하기를 거부하고
희망을 잃는다면 어찌 [윤회를] 벗어날 수 있겠는가?
자기에 대한 확신을 가지고 정진한다면,
아무리 큰일이라도 [나를] 꺾지 못하리라.

그러나 우리의 결심에 번뇌의 하나인 세속적인 자만심이 있어서는
안 된다. 그 반면에 우리는 번뇌에 휘감기지 않겠다는 굳은 결심을
통해 번뇌를 대할 때는 자기 확신이 있어야 한다.

59_   역자주: 여기서 변변치 않다는 것은 자기 자신의 의지와 능력에 대한 확신의 부
족을 뜻한다.

55.
그 누구도 나를 꺾을 수 없을 것이다.
내가 이기지 못할 이가 어디 있겠는가!
승리자 붓다의 자손인 나는
이 확신에 머물리라.

이는 우리에게 필요한 자기 확신이다. 자기 확신은 번뇌에 지배당하지 않으며, 번뇌를 무너뜨리기 위해 모든 것을 실천하는 것이다. 보살의 영웅심은 자기 확신을 써서 번뇌와 맞닥뜨리고 자만심을 정복하는 데 있다. 그러한 자기 확신이 없는 사람들은 조금만 누가 건드려도 자만심과 다른 번뇌들에 자신들을 내어준다. 이렇게 하는 데는 영웅적인 것이 전혀 없다. 목숨이 걸린 문제라 하더라도 우리는 절대로 번뇌에 휘둘리도록 내버려 두지 말아야 한다.

61.
커다란 위험이 닥쳤을 때,
사람이 눈을 보호하는 것과 마찬가지로
위험이 닥쳤을 때,
번뇌에 휘둘리지 말아야 한다.

환희에 관해서 이야기해보자. 우리가 보리심을 일으켰을 때, 우리는 보살행을 기쁨에 찬 환희심을 가지고 시작해야 한다. 보살행을 행하면 할수록, 더 발전하고 싶다는 의욕이 점점 커질 것이다.

65.
칼날 위에 묻은 꿀처럼
욕망은 만족시킬 수 없는데,
어째서 무르익으면 [최상의] 행복과
[그로 인한 궁극의] 평화를 일으킬 공덕에는 만족하는가?

66.
따라서 [바라밀(波羅蜜)의] 사업을 완벽하게 완수하기 위해서는
한낮[의 햇살에] 고통받는 코끼리가
물을 보자마자 호수에 뛰어들 듯이,
그 사업에 또한 매진해야 한다.

한 생에서 다음 생으로 전전하며 우리는 언제나 행복을 찾지만, 번뇌의 지배를 받기 때문에 우리가 맞닥뜨리는 것이라고는 고난뿐이다. 인간으로, 새로, 사슴으로, 곤충 등으로 다시 태어나며, 우리는 영원한 행복이라는 것을 가져본 적이 없다. 행복을 찾고 괴로움을 피하겠다고 했던 모든 노력은 언제나 허사로 돌아갔다. 우리가 보살의 길을 걷기 시작했으니, 보살행을 환희심으로 실천하고, 처음 시작할 때 일어나는 몇몇 어려움에 낙담해서는 안 된다. 우리의 노력은 반드시 그 결과를 맺을 것이다.

절제는 육체와 정신이 피곤해지고, 아무리 노력을 해도 더 이상 보살행을 계속할 수 없을 때 적용해야 한다. 그럴 때는 우리 자신을 너무 몰아붙이지 말아야 한다. 그 대신에 잠시 멈춰 서서 휴식을 취하고, 나중에 우리가 하는 모든 것을 적절하게 그리고 완벽하게 할 수 있도록 도모해야 한다.

나태함을 제거하고 우리의 강렬한 서원, 확고한 마음, 내어 줌 그리고 기쁨을 통해 열정의 느낌을 얻을 때, 우리는 불방일(不放逸)과 정지(正知)를 적용하여 정진(精進)의 힘을 길러야 한다. 명상하는 시간 동안 우리는 반드시 마음이 공덕에 집중하도록 해야 한다. 잠시 동안은 보리심에 집중해서 명상할 수 있겠지만, 만일 우리가 불방일(不放逸)과 정지(正知)를 항상 면밀히 유지하지 않으면, 잘못을 저지르고 우리의 서원을 어길 위험이 있다.

우리가 수행의 특정한 측면에 지금 잠시 집중할 수 있을지라도, 다양한 측면들 사이에서 전반적인 균형을 잡고 있는 것이 중요하다. 명상은 교리에 대한 학습과 함께 어느 한쪽도 소홀함 없이 균형 있게 발전해야 한다.

그러니, 불방일과 정지로써 번뇌의 침략을 물리치도록 주의를 기울여서 우리의 적들을 종식시켜서 다시 악행을 저지르지 않도록 하자.

69.
전쟁 중에 칼을 떨어뜨리면

[죽음의] 두려움에 황급히 [칼을] 잡는 것처럼,

마찬가지로, 정지(正知)라는 무기를 떨어뜨리면

지옥의 공포를 떠올리며 재빨리 되잡아야 한다.

너무나 나태하고 주의가 느슨해지는 것의 위험은 이러한 것들이다.

70.

피의 흐름을 따라

독이 몸에 퍼지듯,

[번뇌가 마음의] 빈틈을 찾으면,

[번뇌의] 악(惡)이 마음에 퍼지게 된다.

실제로 정지와 불방일을 수행하는 방법에 관해서 산띠데바는 이렇게 읊는다.

71.

겨자씨 기름이 가득 찬 그릇을 옮기는 어떤 이가

가까이 있는 칼을 든 사람이 [기름을] 흘리면

죽여버리겠다고 협박하는 것이 무서워서

[정신을 바짝 차리는] 것처럼,

수행을 하는 사람은 그와 같이 정신을 차리고 집중해야 한다.

달라이 라마의 입보리행론 강의

73.

저지르는 잘못마다

자기[의 잘못을] 꾸짖고,

'다시는 이런 잘못을 하지 않겠다'고 말하며

[그 잘못에 대해] 오랫동안 생각한다.

74.

그와 같이, "이 기회에

정지(正知)를 수행하겠다"고 말하며

이 [잘못에 대한 반성]을 인연삼아 [스승들을] 만나거나

[안거(安居), 성지순례 등]의 합당한 일을 찾아서 [해야] 한다.

정지와 불방일을 우리가 하는 일 속에서 수행할 수 있게 되면, 우리는 절대 질리거나 사기가 떨어지지 않을 것이다. 우리는 언제나 수행을 이어나갈 준비가 되어 있을 것이다.

76.

바람이 오고 가면서

솜뭉치를 [이리저리] 움직이듯,

[공덕을 쌓는 선행의] 환희에 [저절로] 이끌려,

수행을 완성할 수 있으리!

수행의 시작은 어렵다. 도대체 어떻게 수행해야 할지 암담할 것이다. 그러나 점점 익숙해짐에 따라 수행은 쉬워질 것이다. 지나치게 고지식하게 하거나 자기 자신을 너무 몰아붙이지 말라. 만일 당신의 능력에 맞춰 수행한다면, 조금씩 수행 속에서 즐거움과 환희를 찾을 수 있을 것이다. 내면의 힘이 커지면서 공덕을 쌓는 선행이 더욱더 깊어지고, 폭이 넓어질 것이다.

제 8 장

선정(禪定)의 실천

1.
이와 같이 정진을 일으켜
마음을 삼매(三昧)에 안주(安住)하게 한다.
마음이 산란한 자는
번뇌[라는 악마]의 송곳니 사이에서 사는 것과 같다.

수행을 강화시키기 위해서 필요한 것은 마음을 한 곳에 집중하는
선정(禪定)의 힘을 기르는 것이다. 이를 위해 우리는 먼저 마음이 산
란할 때 오는 불이익에 대해서 이해할 필요가 있다. 집중력의 부족
은 마음이 명상의 대상에 집중하는 것을 훼방한다. 마음은 일어나
는 생각이 어떠한 것이든 그 생각을 따라가며, 따라서 번뇌의 힘이
커지기 매우 쉽다. 그렇게 되면 우리가 하는 모든 공덕이 그 결과를
제대로 발휘하지 못할 것이다. 산란함은 따라서 주요한 결점이다.
그러므로 고요한 마음의 힘[三昧, samatha]을 길러 산란함에 대처하
는 것이 매우 중요하다.

　　고요한 마음의 수행은 불교에만 있는 독특한 수행법이 아니
다. 불교가 아닌 인도의 수행 전통 역시 고요한 마음, 즉 삼매의 힘
을 길러 무색계(無色界)[60] 천인(天神, deva)들의 삼매의 상태를 성취

60_　무소유처천(無所有處天)은 윤회의 최상인 무색계(無色界)의 네 단계의 하늘
　　세계[四天] 가운데 하나로 범승(梵乘, brahmayāna, 즉 보살승)의 수행자들이
　　성취한다고 한다. 이 천상 세계에 있는 존재들은 한시적으로 거친 번뇌를 제압
　　했지만, 그들의 마음은 아직 어리석음[무명無明, avidyā]에 지배당하고 있으며,

할 방법을 가지고 있다. 이 마음의 상태에서 번뇌가 가라앉지만 아직 완전히 제거되지는 않았다. 즉, 번뇌가 활동하지 않는 잠재적인 상태에 있게 된다. 따라서 삼매라는 고요한 마음의 상태 그 자체는 불교에만 있는 독특한 것이 아니지만, 이 오직 한 곳에 오롯이 집중하는 고요한 마음, 즉 일념삼매(一念三昧)는 공덕의 힘을 온전히 기르는 데 아주 중요한 것이며, 또한 특별한 통찰(vipassanā) 수행에 있어 결정적인 역할을 한다. 바라밀승(波羅蜜乘) 혹은 현교(顯敎, sūtrayāna)와 진언승(眞言乘) 혹은 밀교(密敎, mantrayāna)에 공통으로 있는 중관(中觀)의 견해는 우리가 고요한 마음의 상태 안에서 확신을 얻을 때까지 분석적인 논리적 사고를 통해 성립한다.[61] 이 중관의 견해는 매우 미세한 것으로, 고요한 마음의 힘이 안정적이지 않는 한, 공성(空性)의 견해를 잃을 위험성이 존재한다. 삼매가 안정적이면 안정적일수록 공성에 관한 이해가 보다 명확해질 것이다.

명상이란 무엇인가? 먼저, 분석적인 명상이 있다. 분석적인 명상은 대상의 본질에 관한 일정 정도의 확신이 들기 전까지는 분석적인 검토를 반복적으로 하는 명상이다. 그 대상의 본질에 관한 분석을 완전히 마쳤을 때, 우리가 성취한 그 대상의 본질에 관한 명확함과 확실성에 안주한다. 이것이 '안주의 명상[安住修,

---

무아(無我, anātmya)를 전혀 깨닫지 못하고 있다. 이 때문에 그들은 윤회에서 벗어날 수 없으며, 계속해서 하위 세계에 태어나게 된다. 삼계(三界) 항목을 참조.

61_ 중관(中觀)의 관점은 나가르주나가 가르친 중도(中道)의 견해이다. 이는《입보리행론》9장에서 더 자세하게 다루어진다.

sthāpyabhāvanā]'이다. 이 유형의 명상은 삼매의 힘을 기르는 수행모(修行母)를 관하는 명상과 마음을 고요하게 하는 명상과 같은 수행에 사용하는 방법이다.

혹자는 예경(禮敬)의 의미와 힘을 키우기 위해서 예경에 관해 명상을 할 수도 있다. 혹은 영원한 것이 없다는 무상(無常)을 명상의 대상으로 하거나, 명상의 대상에 항상 하는 독립적인 진아(眞我) 또는 자성(自性)의 부재인 대상의 공성에 관해서 명상해도 좋다.

대상에 대한 지각을 설명하는 데는 많은 방법들이 있다. 명상을 할 때 현현한 대상, 파악된 대상, 집착된 대상 그리고 현행하는 대상을 잘 분별할 수 있어야 한다. 또한 바수반두(Vasubandhu, 世親)의 《중변분별론(中邊分別論, Madhyāntavibhāṅgabhāṣya)》에서 설명하는 대로 선정에 들 때 피해야 할 다섯 가지 결함에 대해서도 공부해야 한다.[62]

요약하자면, 명상은 마음을 훈련시키고 탈바꿈하는 방법이다. 명상은 진짜로 그렇게 한다. 우리의 목적을 이루는 데 중요한 것은 마음의 고요한 일념 삼매를 닦고 보리심에 관해서 명상하는 것이다. 명상의 대상에 집중이 명료하려면, 우리는 적절한 조건들, 즉 외부에 우리를 산란하게 하는 것들로부터 자유로워야 한다. 이상적

62_ 선정을 방해하는 다섯 가지 결점은 나태함, 명상의 대상에 대한 망각, 정신적 느슨함[惛沉]과 생각의 번쇄함[掉擧], 정신적 느슨함과 생각의 번쇄함을 대치하려 노력하지 않음 그리고 대치 방법의 과도한 적용이다.

달라이 라마의 입보리행론 강의

인 것은 몸과 마음의 평안을 얻는 데 도움이 되는, 떨어진 장소에서
명상하는 것이다.

3.
[나와 내 것에 대한] 집착 때문에 그리고 소유물 등의
갈망 때문에 세속[의 삶]을 버리지 못한다.
그러므로 [나는] 이러한 것들을 완전히 버릴 것이다.
지혜로운 이는 이와 같이 행동한다.

4.
지(止, samatha)에[63] 제대로 들어가 관(觀, vipaśyanā)으로
번뇌를 완전히 정복한다는 것을 이해하고 나서
지(止)의 수행을 먼저 해야 한다.
이 [지(止)의 수행]은 세간의 집착을 버리는
큰 환희를 통해 완성한다.

7.
중생에게 집착한다면
진리에 대한 [깨달음이] 완전히 가로막히며,

63_ 역자주: 샨띠데바는 사마타(止)를 외부, 즉 산란해지는 것을 다스림으로써 마
음이 고요하고 동요하지 않는 것이라고 설명한다.

[윤회하는 삶이 싫어 떠나겠다는] 염리심(厭離心) 역시 퇴보하고,
끝내 불행으로 고통받을 것이다.

8.
오직 이 [중생만을] 생각함으로써
이생을 무의미하게 보내게 될 것이다.
[본디] 무상한 친구들과 친척들에 의해
불변의 불법까지도 잃게 될 것이다.

우리의 목숨이 무상한데, 똑같이 무상한 다른 이들에게 그렇게 집착
하는 것이 의미가 있을까? 그들에게 화를 내는 것이 가치 있는 일인
가? 이 점에 관해 생각해보면서 마음속 집착과 성냄의 흐름을 멈추자.

9.
어리석은 이들과 같이 행동하면
반드시 [축생, 아귀, 지옥의] 악도(惡道)에 떨어질 것이다.
[불보살님과] 같지 않은 [그들에게] 끌려다니며
어리석은 이들에게 집착해서 무엇을 얻겠다는 것인가?

보통 사람들은 마치 어린아이들처럼 거친 유형의 집착과 증오에 지
배당한다. 만일 우리가 어린아이들처럼 군다면 아무것도 얻지 못할
것이며, 다른 이들에게 이익이 된다는 것도 불가능하다. 한순간 우

달라이 라마의 입보리행론 강의

리의 친구였다가, 바로 다음 순간 우리를 배반한다. 우리가 아무리 노력해도 그들을 흡족하게 하기는 거의 불가능하다. 그리고 우리가 그들의 목소리에 귀 기울이지 않으면 성질을 낸다.

13.
어리석은 이들과 어울리면, [자기도] 어리석어져서
자기는 칭찬하고, 남은 헐뜯으며
윤회[하는 삶을] 기뻐하는 말을 하는 등
어떠한 공덕도 일으키지 못할 것이 확실하다.

14.
이처럼 나와 남에게 집착하는 것이
[공덕을] 완전히 무너뜨릴 것이다.
[왜냐하면] 그것은 나의 이익도 되지 않으며
나 역시 그들에게 이익이 되지 않기 때문이다.

따라서 그러한 존재들과는 거리를 두는 것이 훨씬 낫다. 그러나 그렇게 하면서도 그들의 성질을 건드리는 일은 피해야 한다. 그리고 그런 사람들을 만나면, 정중하게 대하고 그들이 즐거워할 만한 일들 가운데 우리가 할 수 있는 일을 한다. 그러나 너무 친밀하게 대하지는 않는다.

16.
벌들이 꽃에서 [아무런 해악 없이] 꿀을 모으듯
오로지 불법의 이익만을 받아야 한다.
모든 [중생]을 마치 생전 모르는 [낯선 이를] 보듯
[거리를 두고 집착하지 않으며] 지내야 한다.⁶⁴

순식간에 사라질 쾌락에 집착하지 말자. 가진 것을 더 늘리는 데만
삶을 허비하는 이들은 오직 진리에 어둡고 무엇이 진실인지 헷갈
리는 사람들뿐이다. 그들은 그들이 간절히 찾는 행복만큼이나 수천
배 큰 괴로움을 겪고 말 것이다.

19.
그러므로 지혜로운 이는 집착하지 않는다.
갈망(渴望)으로부터 [이생과 다음 생에] 두려움[과 분노가]
일어나기 [때문이다].

64_ 역자주: 법구경에는 다음과 같은 유사한 구절이 나온다.

4장 49번 게송
벌이 꽃의 색깔이나 향기는 다치지 않고
꿀만 따가지고 날아가듯이
이처럼 성자는 마을에서 유행해야 하리.

출처: 일아 옮김, 〈빠알리 원전 번역 담마빠다〉, 불광출판사, 2014. 36쪽.

이 [집착의 대상]들은 본질적으로 사라질 것이니,
[이에 마음을] 굳건히 하고 [다음과 같이] 이해하라.

20.
재산이 많이 생기고
명성과 영예가 생긴다 하더라도,
쌓은 재산과 명예를 갖고
어디로 갈지 알 수 없다.

그런 사람들의 동의를 구하고, 그런 사람들의 비난을 두려워하는 게 무슨 의미가 있는가? 만일 몇몇 사람들이 우리를 칭찬한다고 해서 기분 좋을 것은 없다. 더 많은 사람들이 뒤에서 몰래 우리를 욕하고 있을 것이기 때문이다. 몇몇 사람들이 우리를 비난한다고 해서 걱정할 필요도 없다. 우리에 관해서 좋은 소리만 하는 다른 사람들이 있기 때문이다. 다른 이들이 바라는 것들과 필요로 하는 것들은 너무나 다양해서 우리 같은 평범한 사람들이 그들을 모두 흡족하게 해주는 것은 불가능하다. 심지어 붓다들도 그렇게는 못 할 것이다. 그러니 그런 어린애 같은 사람들로부터 약간 거리를 두고 홀로 사는 삶의 이로움에 관해서 생각해보자.

25.
숲에 사는 짐승과 새,

나무들은 불쾌한 말을 하지 않는다.
같이 있으면 즐거운 이 [짐승, 새, 나무]들과
나는 언제 함께 살 수 있을까?

26.
깊은 굴이나, 암자, 숲 속,
나무 아래에 처소를 삼아 산다.
언제나 뒤도 돌아보지 않고
아무런 집착 없이 살 수 있을까?

그러한 호젓한 곳에서 우리가 가진 것들과 몸에 관한 소유욕을 버
리고, 우리의 모든 시간을 명상하는 데 바칠 수 있을 것이다.

28.
발우 등의 사소한 것들과
누구도 원치 않는 옷을 두르고
이 몸을 [안전하게] 숨길 곳이 없어도
두려움 없이 살 수 있는 날은 언제일까!

33.
길을 가는 [여행자]들이
머무를 곳을 붙들듯,

윤회의 길을 가는 위에 머무는 자들 역시
태어날 곳을 강렬히 붙잡는다.

34.
세상의 모든 [친척과 친구들이] 슬퍼하는 동안
네 사람이 [내 송장을] 이곳에서
저 곳으로 옮기기 전에,
[나는] 숲으로 가리라!

35.
친구도, 나를 싫어하는 사람도 여의고
이 몸뚱이 하나로 은둔해 살리라.
이미 죽은 것과 마찬가지라고 [사람들은] 생각하기에
[내가] 죽는다 하더라도 [내 죽음을] 슬퍼하지 않으리라.

간략하게 말하자면, 호젓한 곳에서 살면 개인적인 걱정과 집착을
벗어놓고 일념으로 마음을 집중하는 명상을 할 수 있다. 그러면 붓
다와 그의 가르침에 관한 생각들이 자연스레 마음속에서 일어날 것
이다.

산띠데바는 이어서 감각적 쾌락에 집착하는 것의 오점을 지
적한다. 《입보리행론》이 원래는 날란다 사원의 스님들에게 설해진
것이기 때문에, 이 부분은 특히 여성의 몸의 결점에 대해서 설명하

고 있지만, 이 부분은 여성 수행자들 역시 남성의 몸에 대해서 생각
할 때 똑같이 적용할 수 있는 것이라고 이해해야 한다.

40.
예전에 [나는 좋아하는 사람을 소유하기] 위해
이 사람 저 사람을 시켜 많은 일을 조장했으며,
악행과 불명예스러운 일들을
마다하지 않아,

41.
나 자신을 위험한 일에 처하게 하며,
[마침내] 재산까지 탕진하게 되고 말 것이다.
모든 [좋아하는 이들을 몸으로] 껴안아서 얻고자 하는
최고의 쾌락인 이 [육체]들,

42.
뼈다귀들[이 쌓인 것]에 불과한
독립적이지도 않고, 진아가 있는 것도 아닌 이것을
열렬히 탐하며 꼭 붙잡은 채
어째서 괴로움을 넘어가려고는 하지 않는가?

생각해보자. 우리가 그리 매력 있다고 생각하는 사람과 우리로 하

여금 수많은 시련을 겪게 한 사람. 그들은 오직 살점과 오장육부의 덩어리일 뿐이며, 오히려 불쾌한 물질들로 차있다. 그렇다면 우리가 집착하는 것은 그 사람의 몸인가? 아니면 마음인가? 면밀히 살펴보면, 우리가 실제로 집착해야 할 것이 무엇인지 전혀 짚을 수 없을 것이다.

54.
'나는 이 살이 좋아'라고 하며
또다시 만지고 싶어 한다면,
의식이 결여된[65] 그대로의 [시체의] 살은,
그대는 어째서 또 다시 탐하지 않는가?

55.
욕심을 내는 그 마음은 무엇인지
만질 수도 없고, 볼 수도 없으며,
그 의식은 무엇을 할 수 있는 능력이 없는데,
의미 없는 그 [몸뚱이를] 끌어안고서 무엇을 하겠다는 것인가?

몸을 우선 점검해보자. 무엇보다도 몸은 부모의 정자와 난자로부터

65_   역자주: 중생의 동의어인 유정(有情)은 의식이 있는 존재라는 뜻이다. 따라서 의식이 없다는 것은 시체를 뜻한다.

시작한다. 성장하면 몸은 피와 살, 장기 그리고 뼈로 이루어진다. 만일 우리가 이들 가운데 어느 하나라도 땅바닥에 떨어져 있는 것을 봤다면, 아주 혐오스러워할 것이다. 그런데 이런 혐오스러운 온갖 것들로 이루어진 몸을 보고는 어째서 역겨워하지 않는가?

63.
만일 그와 같이 더러운 [시체를]
보게 된다 하더라도 [육체의 집착을 못 떨군 채] 의심이 든다면,
송장 터에 널려 있는
다른 더러운 [시체들] 역시 보라!

이 몸을 유지하기 위해서 우리가 먹고 마시는 것의 대부분이 결국 끝없는 오줌과 똥의 흐름이 되어 우리가 싫어하는 시궁창으로 들어가고 만다. 시궁창이 있는 이유가 바로 우리의 몸이 똥으로 가득 차 있기 때문이다. 따라서 몸은 시궁창과 다를 바 없다! 우리가 보아왔듯이, 몸은 오물에서 시작해서, 오물로 이루어지며, 오물을 쏟아낸다. 미팜 린뽀체의 《보배의 화환》은 우리가 이러한 관점에서 몸을 생각할 때만, 몸에 대한 집착이 완전히 없어지지는 않더라도, 줄어들 것이라고 말한다.

다시 아주 아름다운 몸을 가진 누군가를 떠올려보자. 이제 그 피부가 벗겨지고, 몸이 절개된 상태를 생각해보자. 내장은 살아 있는 사람의 것이라 하더라도 보기 끔찍하다. 그렇게 하면 우리의

욕망은 당장 혐오감으로 바뀌고 말 것이다. 몸에 대한 집착은 환상 중의 환상이다. 그리고 우리는 그 환상을 버리는 데 진력해야 한다.

> 70.
> 송장 터에 있는 해골을 보고서
> [상대방의 육신을] 싫어하는 마음이 일어난다면,
> 돌아다니는 해골들로 가득 찬
> 마을이라는 송장 터는 어째서 좋아하는가!

우리는 이상적인 짝을 찾는 데 있어 끝없는 어려움을 경험한다. 그리고 우리가 찾았다 하더라도, 상대방과 늘 사이가 좋은 것도 아니다. 아이들을 가질 수 없거나, 너무 많이 가지며, 아이들을 키우는 것은 괴로움을 하나 더 보태는 것이다. 물론, 처음에는 그 신선함이 재미있다. 그러나 만일 우리가 이 상황을 면밀히 검토해보면, 괴로움 뒤에 괴로움이 따라올 뿐이라는 것을 알 수 있다. 이것이 경전에서 "재가자의 삶의 병폐"라고 말한 것이다.

　　부에 관해 이야기해보자. 우리는 부를 얻기 위해 아주 오랜 시간을 보낸다. 그리고 그것을 위해 우리의 목숨까지 버릴 준비가 되어 있다. 재산 때문에 형제자매가 반목하고, 부부가 갈라선다. 부가 없을 때도 괴롭지만, 부가 있을 때도 괴롭다!

79.

모으고 보호해도 잃어버리는 고통이 따르므로

재산은 끝없는 악의 원천이라는 것을 알라.

재산에 집착해서 [마음이] 산란해진 이들에게는

윤회의 고통에서 벗어날 기회란 없다.

80.

욕심을 가진 이들의 [재산] 등은

허물은 많아도, 이익은 적다.

달구지를 끄는 소가

풀을 몇 잎 씹다가 [정신이 팔려 달구지를 전복시키는] 것처럼.

가장 보잘것없는 쾌락을 위해서도 사람들은 지나치게 과다한 노력을 쏟으면서 삶을 허비한다.

82.

욕심[으로 얻은 것들은] 반드시 사라지며,

[욕심 있는 자를] 지옥 등[의 삼악도에] 떨어지게 한다.

[욕심은] 사소한 것을 위해 늘

고단한 고난을 일으킨다.

달라이 라마의 입보리행론 강의

83.
그 고난의 백만분의 일만이라도 [노력한다면]
순식간에 불성을 이루리니,
욕심을 가진 이들은 보리심의 수행자에 비해
괴로움은 크지만 보리심[의 성취는] 없다.

84.
지옥 등의 고통을 생각해본다면,
욕심을 가진 이들이 [받을 고통]은
칼, 맹독, 화염, 절벽, 적들[이 주는 고통]과
비교할 수 없을 만큼 크다.

따라서 우리는 반드시 우리의 산란한 생각을 날뛰게 만드는 현상을
점검해보아야 한다. 차츰차츰 이러한 생각들의 힘이 약해지고, 우
리의 마음은 보다 차분해질 것이다. 그러면 우리는 보리심에 관해
일념으로 명상할 수 있게 될 것이다.

보리심에 관한 주요한 명상은 자신과 다른 이들을 동일하게
보고, 자기 자신과 다른 이들을 바꾸는 것이다. 샨띠데바는 이렇게
말한다.

I.7
수많은 겁(劫)에 걸쳐 깊이 생각하시고 행하시는

승리자 [붓다]들께서는 오직 이 [보리심]만이 [중생에게]
도움이 된다는 것을 보시고,
이 [보리심]으로 셀 수 없는 중생을
최고의 안락을 가장 빠르고 쉽게 성취할 수 있도록 이끄셨다.

까담빠의[66] 스승들은 보리심을 수행하는 자세한 가르침을 남겨 놓
으셨다. 보리심을 이러한 수행을 통해 일으킴으로써 우리의 모든
장애물을 정화하고 공덕을 쌓을 수 있다. 우리는 세 무량겁 동안 공
덕을 쌓아야만 한다고 한다. 그러나 이 말은 상대적이다. 보리심에
관해 이러한 마음가짐을 가지고 있으면, 그 정도의 어마어마한 공
덕도 삽시간에 그리고 쉽게 성취할 수 있다. 붓다부터 나가르주나,
우리의 스승들에 이르기까지 모든 깊은 지혜와 수행을 성취한 스승
들은 다른 이들을 자신보다 더 중요하게 여기는 수행을 근본으로
삼으셨다. 이를 통해 그분들은 자신과 다른 이들에게 광대한 이익
을 주셨다.

　　선한 생각을 하는 사람들, 다른 이들을 돕기 위해 많은 일을
하는 사람들 그리고 좋은 기억을 남겨주는 사람들은 모두 전 세계

66_　　역자주: 붓다의 가르침 (까 bka')와 아띠샤(980~1054)의 가르침 (담 gdams)
　　을 따르는 12세기 티베트 종파로 아띠샤의 재가신도인 돔뙨빠 곌와중네 ('brom
　　ston pa rgyal ba 'byung gnas, 1004~1064)가 세웠다. 곌룩빠의 시조 쫑카빠는
　　곌룩빠를 까담빠를 이어받은 신(新)까담빠라고 지칭한다. 이 신까담빠는 현재
　　스스로 신까담빠라고 지칭하는 무리와는 전혀 다르다.

　　　　　　　　　　　　　　　　　　달라이 라마의 입보리행론 강의

사람들에게 그들의 종교와 관계없이 존경을 받는다. 반면에 무지하고, 거만하고, 고집 센 사람들은 그들의 의도가 좋건 나쁘건 간에 역사의 모든 비극의 근원이 되어 왔다. 이 무자비한 폭군들의 이름만 들어도 사람들은 두려워하고 질색한다. 그러니 사람들이 우리를 좋아할지 어떨지는 자연스레 우리가 얼마나 다른 이들의 행복을 생각해주는지에 달려있다.

내가 겪은 일에 대해서 말해보겠다. 나는 가끔 왜 수많은 사람들이 나를 좋아하는지 궁금해한다. 이 질문을 떠올릴 때마다, 나는 나 자신 안에서 어떠한 특별히 좋은 게 있는지 찾을 수 없었다. 단 한 가지 사소한 것만 빼고. 그것은 선한 마음이다. 다른 사람들에게 설명하고자 애쓰고, 나 스스로도 수행하려고 열심히 노력하는 그 선한 마음이다. 물론, 내가 화를 낼 때도 있지만, 내 마음 깊은 곳에서 나는 그 누구에게도 원한을 품고 있지 않다. 나는 내가 보리심을 철저하게 수행할 수 있다고는 말할 수 없지만, 보리심을 수행한다는 것이 나를 무척 고무시킨다. 마음속 깊은 곳에서부터 나는 보리심의 수행이 얼마나 가치 있고, 이익이 되는지 진심으로 알고 있다. 그리고 다른 이들을 나 자신보다 더 중요하게 여기려고 최선을 다한다. 다른 사람들이 나에게 주의를 기울이고 나를 좋아하는 이유는 내 선한 마음 때문이라고 생각한다.

사람들이 내가 평화를 위해 정말 많은 일들을 해왔다고 할 때, 나는 좀 부끄럽다. 좀 겸연쩍다. 나는 내가 세계 평화를 위해 많은 일을 해왔다고 생각하지 않는다. 내 수행이 단지 다정함, 사랑, 연민 그리고 다른 이들을 해치지 않는 비폭력이라는 평화로운 수행의 길이었을 뿐이다. 이 수행이 내 삶의 일부분이 되었다. 그러다 보니 이는 내가 특별히 하겠다고 마음을 내야 하는 것들이 아니게 되었다. 나는 그저 붓다를 따르는 한 명의 불교도에 불과하다. 그리고 붓다는 인욕이 괴로움을 초월하는 최고의 수단이라고 가르치셨다. 그는 "만일 한 승려가 다른 이들을 해친다면, 그는 승려가 아니다"라고 말씀하셨다. 나는 불교의 승려이다. 그러니 붓다의 말씀에 따라 수행하려고 노력한다. 사람들이 이 수행을 무엇인가 독특하고 특별한 것으로 생각하고, 나를 세계 평화의 지도자라고 부를 때, 나는 정말 부끄러운 기분이 들 정도이다!

선한 마음은 모든 행복과 기쁨의 원천이며, 노력만 하면 우리 모두 가질 수 있다. 그러나 그보다 더 나은 것이 바로 선한 마음과 지혜를 겸한 보리심을 가지는 것이다. 보리심은 모든 중생을 괴로움으로부터 건져서 불성을 성취하도록 이끌기 위해 깨달음을 얻겠다는 매우 강한 소망이다. 다른 이들을 돕겠다는 이 생각은 연민에 그 뿌리를 둔다. 연민은 괴로워하고 있는 중생에 대한 사랑과 감사의 느낌으로부터 자라난다.

전통적으로 이러한 관심과 감사를 기르는 데는 두 가지 방법이 있다. 하나는 모든 중생이 최소한 한 번은 그들의 삶 속에서 우리의 부모였거나 적어도 친한 친구였던 적이 있었다는 사실에 관해 고찰함으로써 중생에게 감사의 마음을 일으키고 그들의 괴로움을 우리의 행복과 맞바꾸겠다는 소원을 일으키는 것이다. 다른 하나

달라이 라마의 입보리행론 강의

는, 타인 역시 우리와 같은 방식으로 괴로워한다는 것을 이해하고, 우리가 모두 동등하다는 시각에서 이기주의의 단점과 이타주의의 장점이 무엇인지에 관해 숙고해 보는 것이다. 이 두 가지 방법 중 우리에게 가장 잘 맞는다고 생각하는 방법을 사용하면 된다. 아니면 두 가지 다 수행해도 좋다.

　　어느 쪽을 하든 간에 괴로움을 이해하는 것이 필요하다. 굶주리고 있거나, 크나큰 궁지에 몰려 고통받는 사람들과 학대받은 동물들에게 연민을 느끼기는 어렵지 않다. 그러나 아주 행복한 사람이나 천인(天人)을 생각할 때는 부러움을 느끼기가 더 쉽다. 이것은 우리가 고통이 무엇인지 그리고 모든 중생이 괴로워하고 있다는 것을 진정으로 이해하지 못하기 때문에 생기는 일이다. 보다 더 경험하기 쉬운 괴로움과 변화의 괴로움 이외에도 편재하는 괴로움이 있다.[67] 이 세 번째 괴로움 때문에 우리가 윤회에 묶여 있는 한 우리

---

[67]　세 가지 유형의 괴로움은 다음과 같다: ① 괴로움의 괴로움은 모든 중생이 피하고 싶어 하며 고통스러워하는 것이다. 윤회 속에서는 괴로움이 괴로움을 낳는 끊임없는 악순환이 일어난다. 예를 들어, 병들어 괴로워하고 있을 때 또 다른 악재를 맞는다든가, 집이 불탔는데 거기다 가진 재산까지 모두 잃는 것 등이다. ② 변화의 괴로움은 윤회 속에서 일어나는 모든 행복과 즐거움은 언젠가는 고통의 상태가 된다는 것을 말한다. 예를 들어, 맛있는 음식을 먹을 때 일어나는 미각의 쾌락은 소화 불량의 괴로움으로 변할 수 있다. ③ 두루 있는, 즉 편재(偏在)하는 괴로움은 오온(五蘊, pañca-skandha)으로 이루어졌다는 그 자체로 괴로운 것이다. 윤회에 묶여있는 무상한 존재인 한, 늘 괴로움이 있다. 대부분의 평범한 중생은 이 두루 있는 괴로움을 명확하게 지각하지 못한다. 마치 손바닥 위에 놓여 있는 머리카락처럼. 그러나 눈 속에 들어있는 눈썹이 고통을 유발하는 것과 같이, 깨달은 중생은 이 두루 있는 괴로움을 아주 격심하게 느낀다.

는 절대로 영원한 행복을 얻을 수 없는 것이다. 우리 자신을 위해 이 괴로움에 대해서 고찰하고 이해하면, 이 이해를 통해 다른 이들 역시 똑같이 이러한 괴로움을 겪고 있다고 이해할 수 있다. 그렇게 되면 우리는 그들에게 연민의 마음을 일으키고, 모든 존재를 괴로움으로부터 해방시켜야겠다는 생각이 들기 시작할 것이다.

　　그러나 진짜로 실천에 옮기기 위해서는 이 삶과 미래의 삶에 대한 우리의 접근 방법을 바꿔야만 한다. 첫째, 우리는 반드시 무상함에 대해서, 우리가 죽는 것은 너무나 분명한 사실이라는 데 대해서 그리고 언제 우리가 죽을지는 절대 알 수 없다는 사실에 대해서 곰곰이 생각해보아야만 한다. 죽은 뒤에도 우리는 간단하게 소멸하지 않는다. 우리가 해 온 선업과 악업이 우리로 하여금 보다 낮은 종류의 환생을 하게 만든다. 예를 들어 동물로 환생을 하게 되면 인간이나 다른 짐승들에 의해 남획당하고, 학대당하며, 도살될 것이다.

　　그래서 우리를 고통의 바다로부터 해방시키기 위해서는 반드시 자유로의 길을 공부하고 수행해야 한다. 몇 년 내에 그 공부와 수행의 결과를 볼 수 있기를 바랄지 모르지만, 현실적으로 말하자면, 여러 생에 걸쳐 수행을 계속할 계획을 세워야 할 것이다. 매번 태어날 때마다 우리는 인간의 몸과 같은 수행을 뒤받쳐줄 적절한 환경이 필요하다. 그렇지 않다면 수행의 진전을 보는 것이 거의 불가능하다. 따라서 수행의 첫 번째 단계는 좋은 환경을 갖춘 인간의 몸으로 태어나는 것이다. 그리고 우리의 최종 목적이 모든 중생의 복지를 위해 깨달음을 성취하는 것이기는 하지만, 열 가지 악한 행동을[68] 피하고 열 가지 선한 행동을 수행하는 수행의 규범, 즉 계를 따르는 수행을 시작해야만 한다.

요약하자면, 이번 생의 세속적인 목적들에 대한 집착을 없애고, 내생의 세속적인 목적들에 대한 집착을 없앰으로써 시작한다. 윤회의 본성이 괴로움이라는 것을 이해하고 나서, 우리 자신을 윤회로부터 해방시키겠다는 굳은 결심을 하고, 이 해방의 대상을 다른 생명들에게까지 확장시키면서 연민의 마음을 키우고 보리심을 일으켜야 한다. 우리는 반드시 마음 길들이기의 올바른 순서를 밟아 수행해야만 한다. 이는 계단을 올라가는 것과 마찬가지이며, 건물의 벽을 쌓기 전에 토대를 먼저 다지는 것과 마찬가지이다. 수행의 단계를 차근차근 밟아간다면, 우리가 성취할 결과 역시 믿을 만할 것이다. 그러나 만일 우리가 그저 입으로만 "중생을 위해서…"라고 말한다면 중생을 돕겠다는 결심이 아무리 단단하더라도, 이전 단계의 수행을 올바로 하지 않는 한 그 결과를 기대하기는 어렵다.

처음에 시작할 때 수행의 길에 관해 명확하고 종합적인 지식을 가지고 있어야 한다. 그래야 수행 속에서 우리가 무엇을 목표로 하는지 알 수 있고, 우리가 성취한 정도를 인지할 수 있다. 수행이 안정되어 가면서 마음에 아주 심오한 변화를 겪을 수도 있다. 그러나

68_ 역자주: 세 가지 몸으로 하는 악한 행동인 살생, 도둑질, 삿된 음행, 네 가지 말로 하는 악한 행동인 거짓말, 이간질, 악한 말, 진실이 없는 말, 세 가지 뜻으로 짓는 악한 행동인 탐욕, 성냄, 진리에 어두움의 열 가지 악한 행동을 말한다. 열 가지 선한 행동 즉, 십선(十善)은 이 십악(十惡)의 반대이다.

이러한 경험들은 우리가 정해 놓은 명상 수행을 하는 시간 동안에만 일어날 뿐이다. 명상을 오랫동안 하면 나중에 이러한 경험들이 명상 속에서 집중하지 않을 때도 특별한 상황 속에서 저절로 일어나는 것을 발견할 것이다.

보리심의 예를 들어보자. 우리가 보리심에 관해서 한참 동안 명상하면, 마음에 변화가 일어난다. 그러나 이는 우리가 오직 보리심에 관해서 생각할 때로 국한된다. 이것이 이른바 이루어진, 혹은 조건들에 의해 만들어진 경험이라는 것이다. 이는 진정한 보살의 보리심이 아니다. 수행에 계속 진전이 있으면 짐승이나 새를 보기만 해도 진심으로 '언제나 내가 이들을 위해 보리심을 성취할 수 있을까?'라는 생각이 저절로 일어나는 수준까지 오르게 될 것이다. 이것이 우리가 말하는 조작되지 않은, 자연스럽게 일어나는 보리심의 경험이다. 이 수준에 오르면 우리를 진정한 대승의 수행자라고 부를 수 있는 것이며, 낮은 단계의 자량위(資糧位)에 올라간 것이다.[69]

중간 수준의 자량위로 나아가면, 다음으로 우리는 세 무량겁 동안의 보다 최고 수준의 훌륭한 공덕을 쌓는 자량위의 수행을 시작할 수 있다. 자량위는 그보다 높은 단계인 가행위(加行位)에서 열

69_   역자주: 보살 수행의 다섯 단계인 수행오위(修行五位) 가운데 첫 번째 단계로, 몇 겁에 걸쳐 육바라밀을 수행함으로써 공덕을 쌓는 단계이다. 자량위에는 세 단계가 있는데, 낮은 단계의 자량위에서는 그 위 단계인 가행위(加行位)에 어느 생에 올라갈 수 있을지에 대한 보장이 없다. 중간 단계의 자량위에서는 바로 다음 생에 가행위에 올라갈 것이라는 보장이 있으며, 윗 단계의 자량위에서는 살아있는 동안 가행위로 올라가게 된다.

[暖], 절정[頂], 인내[忍], 세간 최고의 자질[世第一位]을 성취하게 된다.[70] 이러한 수행의 단계와 그 세부 단계들은 보리심의 수행을 통한 우리 자신의 내적 변화와 관련 있는 것이다.

90.
나와 남을 동등하게 하는 것을
최우선으로 힘써 수행해야 한다.
[모두가] 행복[을 원하고] 괴로움을 [원치 않는다는 면에서]
동등하기에
모든 [생명을] 나 자신과 같이 여기며 보호해야 한다.

어떻게 다른 이들이 우리와 같다고 말할 수 있을까? 우리가 그런 것처럼, 다른 이들 역시 자연히 행복을 바라고 괴로움을 피하고 싶어

70_ 역자주: 가행위 (prayogamārga)는 준비의 단계로 해석할 수 있는데, 먼 길을 갈 때 식량을 챙기듯, 견도(見道)의 수행의 식량을 준비하는 단계이다. 이 단계를 어떻게 부르든 간에 이 단계는 견도의 성취를 위해 준비하는 단계로 현상의 공성(空性)을 직접 지각하는 초기 단계이다. 따라서 이 가행위의 주요한 특징은 '진아의 공함'과 '진아의 공함을 인식하는 의식' 사이의 이분법적 인식이 점차로 약해지는 열[暖], 절정[頂], 인내[忍], 세간 최고의 자질[世第一位]이라는 네 단계를 통해 점점 약해지다가 마침내 그 이분법적 인식이 소멸하게 된다. 참고: Hopkins, Jeffrey and Jongbok Yi. *The Hidden Teaching of the Perfection of Wisdom Sutras Jam-yang-shay-pa's Seventy Topics and Kon-chog-jig-may-wang-po's 173 Aspects*. Dyke, VA: UMA Center for Tibetan Studies, 2014. 참고 문헌은 UMA Center for Tibetan Studies (http://www.uma-tibet.org)에서 무료로 받을 수 있다.

한다. 분석을 통해서는 '진아(眞我)'라는 실제적 존재를 찾을 수 없지만, 우리는 여전히 진아가 마치 존재하는 것처럼 관념적으로 인식한다. 그렇기 때문에 우리에게 마치 행복할 권리와 불행을 피할 권리가 있는 것처럼 생각한다. 그러나 이러한 생각은 다른 이들에게도 마찬가지이다. 따라서 우리가 다른 이들보다 아주 특별히 잘난 존재라고 할 수 있는 명확한 이유는 없다. 어째서 오직 우리만의 행복을 성취해야 하고 다른 이들의 행복에 대해서는 책임이 없어야만 하는가? 어째서 자기의 괴로움은 피하려고 온갖 노력을 하면서 다른 이들의 괴로움에는 책임지려 하지 않는가?

우리의 몸을 보호하려 할 때, 우리는 손, 발과 같은 몸의 부분들도 같이 보호한다. 마찬가지로 다른 이들의 행복과 괴로움은 우리의 것과 똑같은 행복과 괴로움의 부분들이기 때문에 반드시 우리 자신을 괴로움으로부터 지키려고 하는 만큼 다른 이들 역시 괴로움으로부터 지켜내야 한다. 그리고 다른 이의 행복을 자신의 행복을 위해 애쓰는 만큼 노력해야 한다.

우리 자신의 괴로움은 다른 이들이 겪을 수 있는 것이 아니다. 그리고 괴로움이 견디기 힘들다는 것은 분명한 사실이다. 그러니 우리 자신을 괴로움으로부터 지키려고 노력하는 것은 아주 당연한 것이다. 마찬가지로, 다른 이들의 괴로움은 우리가 느낄 수 없다 하더라도 우리와 마찬가지로 견디기 어렵다. 그러나 우리가 다른 모든 존재들과 관계되어 있으며, 또한 그들이 우리의 수행을 도와주는 것이니 그들에게 감사해야 한다. 그들의 괴로움과 우리의 괴로움 모두

달라이 라마의 입보리행론 강의

를 물리치도록 노력하자. 모든 존재가 똑같이 행복을 바라는데, 어째서 우리만 행복해야 하겠는가? 어째서 우리를 괴로움으로부터 지키려고 하면서 다른 이들은 그대로 내버려 두어야 하는가?

94.
내가 다른 이들의 괴로움을 없애야 한다.
괴로움이기 때문에, [내가] 나 자신을 아끼듯.
다른 이들에게 도움을 주어야 한다.
중생이기 때문에, 내 몸인 것처럼.

97.
만일 그 [중생]들이 괴로워하지만,
내게는 해악이 없다고 [그들을] 보호하지 않는다면,
미래의 괴로움 역시
[지금 내게] 해악이 없는데, 그 [해악은] 어째서 보호하려 하는가?

혹자는 미래에 다가올 괴로움을 보호해야 하는 것이 지금 괴로워하고 있는 '자신'과 미래에 괴로워할 '자아'가 동일한 것이기 때문이라고 생각할 수도 있겠다. 그러나 이 생각은 잘못된 것이다. 우리가 '자아'라고 생각하는 것은 의식의 연속 선상에서 찰나의 연속에 불과한 것이며, 미래에 괴로워할 찰나의 '자아'는 현재 찰나의 '자아'와는 다른 존재이기 때문이다.

99.

언제나 자기의 괴로움은

늘 자기 스스로 막아야 하는 것이라면,

발의 괴로움은 손에 없는데,

어째서 그 [손으로] 그 [발의 괴로움]을 막으려 하는가?

혹자는 자기 자신의 괴로움은 자기가 알아서 챙겨야 한다고 생각할
지도 모르겠다. 만약 그렇다면 손은 몸의 어느 부분의 도움도 받지
않으면서 손 스스로를 보호할 수 있어야 한다. 손이 발을 보호하지
못할 이유가 어디에 있겠는가. 그렇게 말하는 것이 편리한 반론이
라고 생각할지 모르지만, 전혀 논리적이지 않다. 고집 세고 오로지
자기 자신만 생각하는 것을 그만두자.

101.

[단일한] 연속체라든가 집합체라고 하는 것은

[염주 알이 모인 하나의] 염주나 [여럿이 모인 하나의] 군대처럼

거짓이어서 [실재하지 않는다].

괴로움을 받는 자란 존재하지 않는다.

[그런데 존재하지 않는 괴로움을 받는 자]가 이 [괴로움]을

없앨 수 있겠는가?

달라이 라마의 입보리행론 강의

102.

존재하지 않는 괴로움의 소유자에게는

모든 [괴로움]을 [내 것과 남의 것으로] 구별할 [기반]이 없다.

괴로움이기 때문에 없애야 한다.

[그 괴로움이 나에게만] 있다고 할 수 없지 않겠는가?

우리가 '자아'와 '다른 중생'에 대해서 말할 때, 이들은 사실상 동떨어진 존재들이 아니다. 이 둘은 무상한 원소들의 연속에 붙여진 잘못된 이름표에 불과하다. 실로 꿰어진 구슬들을 "목걸이"라고 부르거나 군인들의 집합을 '군대'라고 부르는 것과 같은 것이다. 그러나 만일 중생이 실재가 아니라고 한다면, 고통을 받는 이는 누구인가? 어째서 고통을 물리치려고 애써야 하는가? "내"가 비록 실재하는 것은 아니지만, 세속에서의 상대적인 진리, 즉 속제(俗諦)의 입장에서는 모두가 괴로움을 벗어나기를 원한다. 이것이 다른 중생과 우리의 괴로움을 떨쳐야 하는 충분한 이유이다. 나와 남을 가르는 것이 무슨 소용이 있는가?

103.

"어째서 모든 이들의 괴로움이 멈춰야 하는가?"라면,

[이는] 논쟁거리가 되지 않는다.

만일 [내 괴로움을] 멈출 수 있다면, 모든 이의 [괴로움도]

멈출 수 있어야 한다.

그렇지 않다면, 나 역시 중생처럼 [괴로움을 멈출 수 없을 것이다].

만일 내가 연민에 대해서 명상하고 다른 이들의 괴로움을 생각한다면, 이는 오직 내 괴로움 위에 짐을 덧씌우는 꼴이 될 뿐이라고 생각할 수도 있다. 그렇게 생각하는 것은 아직 우리의 속이 좁기 때문이다. 우리가 다른 이들을 돕고 싶어 하지 않는다면, 그들의 괴로움은 끝나지 않을 것이다. 그러나 우리가 연민의 마음을 약간이라도 기르고 다른 이들의 괴로움을 물리치려고 노력한다면, 그 괴로움은 끝날 것이다. 다른 이들의 괴로움에 대해 우리가 책임을 느끼지 않는다면, 괴로움은 끝이 없다. 우리가 마음을 넓게 가지고 다른 이들에 대한 연민을 느낄 때 광대한 이로움이 생기게 된다. 우리가 경험할 수 있는 아무리 작은 어려움이라 할지라도 가치 있는 일이 된다.

105.
만약 단 하나의 괴로움으로
많은 괴로움을 없앨 수 있다면,
그 자애(慈愛)를 가진 이가 그 [하나의] 괴로움을
나와 남을 위해 일으킬 것이다.

위대한 보살들은 그들의 목숨이 위태롭다 하더라도 수많은 다른 중생의 불행을 없앨 수 있다면 무엇이라도 시작할 준비가 되어 있다.

달라이 라마의 입보리행론 강의

107.

이와 같은 마음을 지닌 사람은

다른 이들의 괴로움을 잠재우는 것을 기뻐하기 때문에,

연꽃 [가득한] 연못[에 내려앉는] 백조와 같이

무간지옥(無間地獄)까지도 들어갈 것이다.

108.

중생이 완전히 [윤회로부터] 해방된다면,

모든 것이 기쁨의 바다이다.

그것으로 충분하지 않은가?

[나 혼자만의] 자유를 원하는 일이 무슨 소용인가?

중생을 돕겠다는 굳은 결심이라는 갑옷으로 무장한 보살들은 자기 자신이 조금 괴롭다 하더라도 무량한 중생의 괴로움을 덜어주는 것으로부터 오는 기쁨만으로도 충분하다고 생각한다. 다른 중생을 구하겠다는 맹세를 저버리고 우리만 윤회에서의 벗어나는 것이 더 나을 리 있겠는가?

109.

따라서 다른 이들의 이익을 위해서 행한다 하더라도

자만하거나 [스스로를] 훌륭하다고 생각하지 말아야 한다.

오로지 다른 이들의 이익을 위해 일하는 것을 기뻐하며,

[그 행동에 따른] 결과는 기대 하지 말아야 한다.

내가 다른 중생을 도움으로써 공덕을 쌓을 수 있을 것이라는 생각을 절대로 하지 말자. 복을 지었으니 행복이 오리라는 기대는 하지 말아야 한다. 다른 이들의 불행을 덜어주겠다는 깊은 연민의 마음으로 선한 행을 하자. 그리고 이 공덕을 우리에게 어떤 이익이 있을지 아무런 계산도 하지 말고 진심을 다해서 중생의 이로움을 위해 회향하자.

　　　이제 자기와 남의 자리를 바꾸는 것에 관해서 이야기해보자. 이 수행은 우리 자신을 다른 이들의 자리에 놓고, 다른 이들을 우리의 자리에 놓는 것이다. 만일 우리가 이 방법에 따라 수행하면, 다른 이들을 우리 자신보다 소중하게 여기게 될 것이다. 그렇게 되면 타인의 행복과 불행이 우리의 행복과 불행보다 더 중요하게 될 것이며, 다른 이들이 다치면 우리 자신이 다쳤을 때보다 더 민감하게 느낄 수 있게 될 것이다. 오로지 자신만을 생각할 때 일어나는 불이익과 다른 이들을 귀중하게 여길 때 일어나는 이익을 생각해본다면 어렵지 않게 할 수 있을 것이다. 자기 자신과 다른 이들의 입장을 바꿔보는 수행은 굉장히 생생하고 강렬해서 우리의 생명을 다른 이들을 위해 내어주는 것이 쉽게 되는 경지까지 오를 수 있다. 여기서 다른 이들이란 모든 곳에 있는 모든 생명을 뜻한다.

114.
손 등[이 서로 다르지만]
몸의 부분으로 [동등하게] 받아들이는 것처럼,
[여섯 종류의] 몸을 가진 [중생이 서로 다르지만]
중생의 부분으로 [동등하게] 받아들여야 하지 않겠는가?

이러한 수행이 어렵다고 해서 단념해서는 안 된다. 이는 수행을 통해 얼마나 익숙해지는가의 문제일 뿐이다. 예를 들어, 이름만 들어도 무서웠던 사람에게 익숙해지는 것이 가능하며, 그 사람에게서 떨어지는 것을 생각조차 못 하게 되는 경지까지 갈 수도 있다.

120.
나와 다른 이들이
빨리 수호받기를 원하는 이는
나와 남을 바꾸어 보는
최상의 오의(奧義)를 수행해야만 한다.

이는 자기 자신을 포함한 다른 이들을 반드시 보호할 수 있는 방법이지만, 보리심의 이해가 아직 부족한 이들에게는 무척 힘들 수 있다. 이것이 샨띠데바가 "최상의 오의(奧義)"라고 부르는 이유이다. 그가 말하듯, 제1의 장애물은 자기 자신만을 어여삐 여기는 것이다.

121.

내 몸에 애착해서 자그마한 두려움의 대상을 [보고도]

두려워하는 마음을 일으킨다.

두려워하는 마음이 일어난 이 몸에

적이 그러하듯 어느 누가 욕하지 않겠는가?

122.

누구의 몸이든 굶주림과 갈증 등으로 고통받는다.

[이 굶주림과 갈증을] 해소하고 싶어

새와 물고기와 짐승들을 죽이고

[강도질을 하려고] 길가에 [숨어서] 기다린다.

123.

이문(利文)과 지위를 위해

아버지와 어머니를 죽이고

삼보(三寶)의 청정한 재산[淨財]을 훔쳐서

무간지옥에 떨어져 불타버린다면,

우리가 그렇게나 집착하고 있는 이 몸뚱이를 유지하기 위해서 다른 생명들을 죽인다. 이 몸을 안락하게 하기 위해서 우리는 훔친다. 이것의 순간적인 욕망을 채우기 위해, 우리는 무분별하게 성행위를 탐닉한다. 간략히 말하자면, 우리의 몸이 중요하다고 생각하기 때

문에, 우리는 수많은 악업을 쌓는다. 만일 우리의 몸이 원하는 것을
모두 한다면, 우리에게 남는 것은 패배와 손해뿐이다.

124.
어느 지혜로운 이가 이 몸을
원하며, 보호하고, 경배하겠는가?
어느 [지혜로운 이가] 이 몸을 적으로
여기지 않을 것이며 경멸하지 않겠는가?

125.
만일 '[남에게 이렇게] 내어 준다면 무엇을 즐길 것인가?'라고
자신의 이익을 생각하는 것은 아귀의 방식이다.
만일 '이렇게 [내가] 즐긴다면 무엇을 [다른 이들에게]
줄 수 있을 것인가?'라고
다른 이들의 이익을 생각하는 것은 천신의 성품이다.

만일 우리의 이익을 더 크게 만들려고 다른 이들을 해치고 빈곤하
게 만든다면, 우리는 지옥, 아귀, 축생의 삼악도(三惡道)에 떨어질 것
이다. 그 반면에 다른 이들의 이익을 위해 우리 자신을 잊어버린다
면, 우리의 생명까지 다른 이들의 목숨을 살리기 위해 내놓을 수 있
다면, 그들의 이로움을 위해 필요한 모든 것을 내어줄 수 있다면, 우
리는 행복을 얻고 모든 것을 온전히 갖출 수 있을 것이다.

다른 사람보다 잘나고, 더 유명해지기를 바라는 마음의 결과는 현재보다 수준이 낮은 몸으로 환생하거나, 인간으로 환생한다 하더라도 빠져나오기 힘든 극도의 불행 속에서 지적 수준이 낮은 추한 몸으로 태어나는 것이다. 진정으로 자신을 낮추고, 다른 이들을 우리 자신보다 더 소중하게 여기는 수행은 우리를 보다 나은 세계[三善道]에 태어나도록 이끌어줄 것이다. 그곳에서 우리는 존경받고 큰 영향력을 가지게 된다. 만일 우리가 다른 이들을 억지로 밀어붙여 우리를 위해 복종하게 하거나 비정하게 그들을 남용하면, 내생에 그들의 하인 혹은 하인을 모시는 하인으로 태어날 것이다. 그 반면에 만일 우리의 삶을 다른 이들을 섬기는 데 쓴다면 우리는 왕 또는 지도자로 태어날 것이다.

이러한 것들이 다른 이들을 우리보다 더 귀중하게 여기는 데서 오는 이익과 자기를 우선으로 생각하는 데서 오는 불이익이다.

129.
[현재와 미래에] 일어나는 세상의 모든 즐거움은
다른 이들의 행복을 원하는 데서 나온다.
[현재와 미래에] 일어나는 세상의 모든 괴로움은
자신의 행복[만을] 원하는 데서 나온다.

130.
여러 말을 할 필요가 있겠는가?

달라이 라마의 입보리행론 강의

어리석은 이는 자신의 이익을 위해서 일하며

승리자 [붓다]께서는 다른 이들의 이익을 위해 행하신다.

이 둘 사이의 차이를 보라!

131.

나의 행복과 다른 이들의 괴로움들을

완벽하게 맞바꾸지 않는다면,

불성을 이룰 수 없을뿐더러,

윤회의 바퀴 속에 [살면서] 행복은 없다.

최악의 적은 우리 자신을 다른 이들보다 더 중요하게 여기는 사고 방식이다. 이러한 태도가 우리와 다른 이들을 파괴로 이끈다는 것은 분명한 사실이다. '자아'에 대한 집착으로부터 이 세상의 모든 해악, 공포 그리고 괴로움이 일어난다. 이에 대해 샨띠데바는 질문을 던진다. 이 끔찍한 악마와 나는 지금 무엇을 하고 있는 것인가?

135.

자성을 완전히 버리지 않는다면,

괴로움을 소멸시킬 수 없다.

불을 꺼버리지 않는다면,

화상을 피할 수 없듯이.

136.

자신의 상처를 잠재우고

다른 이들의 괴로움을 잠재우기 위해

자신을 다른 이들에게 보내고

다른 이들을 나처럼 여겨야 한다.

137.

그대의 마음이여, [이렇게] 명확하게 알라.

'내가 다른 이들에게 종속되어 있다'라고.

지금 그대는 오로지 모든 중생의

이익 이외에 다른 것들은 생각하지 말라!

138.

다른 이들에게 종속되어 있는 눈 등을

자신의 이익을 성취하기 위해 [쓰는 것은] 부당하다.

그 [자신의] 이익을 위해 눈 등을

[다른 이들의 돕는 것과] 반대로 사용하는 것은 부당하다.

오로지 다른 생명들을 돕고, 진심을 다해 모든 것을 그들에게 주겠다는 깊은 맹세를 했다면, 우리는 우리의 몸이 더 이상 우리의 것이 아니라 그들에게 속해있다고 생각해야만 한다. 따라서 우리 몸의 어느 한 부분이라도 다른 이들을 돕는 데 쓰지 않는다면, 절대 함부로 다루어서는 안 된다. 우리 안에서 볼 수 있는 것이 좋은 것이라면 그것을 꺼내어 다른 이들을 섬기는 데 사용하자.

이제 우리는《입보리행론》의 특별한 수행법에 이르렀다.

> 140.
> 낮은 존재를 나로 삼고
> 나를 다른 이들로 삼고 나서,
> 분별없는 마음으로
> 질투, 경쟁심, 자만심에 대해 명상해야 한다.

이 단계에서 자신의 좋고 나쁜 특징들을 평가한 후 이 평가에 기반해서 우리와 동등한 이들, 우리보다 우월한 이들과 열등한 이들을 구분한다. 이 수행을 하기 위해서 우리는 지금까지 수행을 통해 얻은 새롭고 좋은 면, 즉 자신을 다른 사람들보다 더 귀중하다고 생각하는 것이 잘못된 생각이라는 것과 다른 이들의 이익을 자신의 이익보다 우선하는 것의 이로움을 보는 것 그리고 예전의 나쁜 면인 이기주의적 '자아' 사이에 명확한 선을 그어야 한다. 이 새로운 '자아'는 이제 자신을 다른 생명들과 동일하게 보며, 그들의 편에 선다. 구식의 '자아'는 세 가지 면을 가지고 있는데, 그것은 우월함, 동등함 그리고 열등함이다. 새로운 '자아' 역시 세 가지 측면을 가지고 있다. 우리는 이러한 두 개의 뚜렷하게 구분되는 '자아'를 사용해서 질투,

경쟁 그리고 자만의 감각을 제대로 알고 고칠 수 있다.

우선, 우리가 다른 이들보다 우월한 좋은 특징들을 바라본다. 자신을 열등한 생명들과 동일시하면서, 자신이 구식의 이기적인 '자아'의 우월한 자질들을 질투하도록 만든다. 우리는 울부짖는다. 우리가 존경을 받지 못하는데, 그는 존경을 받는다니 불공평하다!

141.
그들은 존경받는데 나는 그렇지 못하다.
그들만큼 내가 소유하고 있지도 않다.
그들은 칭송을 받는데 나는 경멸을 받는다.
그들은 행복한데 나에게는 괴로움[만] 있다.

142.
나는 여러 일을 하지만,
그들은 유유자적하게 산다.
세상에 그들은 우월하다고,
나는 저열하고 부덕하다고 알려져 있다.

만일 이렇게 비교하는 것이 너무나 우리를 위축되게 만든다는 생각이 든다 해도, 우리한테 좋은 자질들이 부족하다는 것을 가지고 기죽지 않아야 한다. 모든 생명이 깨달음을 성취할 수 있는 힘을 가지고 있다는 것 그리고 노력을 다하면 불성을 성취할 수 있다는 것을

달라이 라마의 입보리행론 강의

상기하자. 따라서 기죽을 이유가 하나도 없다.

143.
공덕이 부족한데 어찌하겠는가?
나는 [이제부터라도] 공덕을 완벽히 갖추리라!
어떤 면에서는 이 [내가] 열등하고 그들이 우월하며,
어떤 면에서는 내가 우월하고 그들이 열등하다.

우리가 열등한 것은 우리의 잘못이 아니다. 이는 번뇌 때문이다. 우월함과 열등함에 대한 이러한 생각들은 전적으로 상대적이다. 구식의 이기적인 '자아'에게 이렇게 말한다. '네가 우월한 것은 오직 내가 열등하기 때문이다. 그러나 만일 네가 우월한 상태로 있고 싶다면, 내가 깨달음을 위해 진력하는 동안 나를 견뎌내야 할 것이다. 네가 가진 좋은 것들이 나한테 도움이 되지 않는다면 무슨 소용이 있는가?' 이렇게 우리를 남보다 우월하게 만드는 특징들이 우리 안에 있는 것을 본다면, 반드시 처지를 바꿔 생각하면서 그 우월감을 부수어버려야 한다.

다음으로 우리와 동등하다고 생각하는 사람들을 염두에 두고 다시 그들과 나란히 선 다음, 구식의 '자아'와 경쟁심을 일으키면서, 그 구식의 '자아'보다 더 잘나고 싶다고 생각한다.

148.
어떻게 해서든 내 공덕은
온 세상에 널리 알리고
다른 이들의 공덕은 낱낱이
누구도 들어본 적 없게 하겠다.

149.
내 잘못 또한 숨기고
나는 존경받고, 그들은 그렇지 못하다.
나는 대단히 많은 재산이 있고
시중을 받지만, 그들은 못 받게 하겠다.

150.
나는 그들의 잘못을
오랫동안 즐겁게 보아왔다.
[그들을] 모든 중생의 조롱[의 대상으로 만들고]
서로 간에 순전히 멸시만 하도록 만들었다.

마지막으로, 우리가 다른 이들에 비해 열등하다고 생각하는 면들에 대해서 생각해보자. 그리고 구식의 '자아'를 다른 이들의 시선을 통해 바라보면서 자만감을 일으킨다.

151.

이 번뇌[에 물든 이들이] 또한 나와

"경쟁을 하겠다"고 들었다. [그러나]

이들이 어떻게 학식과 지식,

몸의 종류, 재산이 [나와] 동등하겠는가?

152.

그와 같이 도처에 널리 퍼진

나의 공덕[에 관한 소문을] 듣고

온몸의 털이 곤두서는

기쁨과 행복을 완전히 즐기리라.

153.

어떻게 해서 그들에게 재산이 있다 하더라도,

만일 [그들이] 나를 위해 일한다면,

그들에게 먹고 살 만큼의 재산만 남겨준 뒤

[나머지는] 힘을 써서 그들의 [재산을] 빼앗을 것이다.

154.

그들의 행복을 망치게 하고

내가 [받은] 상해를 늘 [그들에게] 줄 것이다.

그들은 수백 년 동안, 언제나

윤회 속에서 나에게 상처를 받아왔다.

우리 자신을 다른 이들의 자리에 놓는 것은 이기적인 '자아'의 잘못들을 제대로 보는 데 매우 도움이 된다. 우리가 이렇게 수행할 때, 질투를 도구로 써서 우리의 오래된 '자아'가 굉장히 보기 좋고, 멋지게 차려입고, 부유하고, 강력하며 그가 가지고 싶어 하는 것은 모두 가지고 있다고 상상해보자. 그다음에는 자신을 빈민들 사이에서 넝마를 쓰고 있는 하층 가운데서도 최하층의 사람들 한가운데 있는 편견 없는 사람이라고 상상하자. 이제 무시(無始) 이래로 오직 자기 자신만 생각해왔고 절대 다른 사람들을 단 한 번도 생각해보지 않았던 오래된 '자아'를 관찰해보자. 그 오래된 '자아'는 자기 자신의 이익을 늘리기 위해 다른 이들을 노예로 삼고, 죽이고, 훔치고, 거짓말하고, 남을 모욕하고, 이기적으로 성욕을 탐닉하는 일을 서슴지 않았다. 그는 오직 다른 이들의 삶에 짐만 지우며 살아왔다. 이 이기적인 '자아'를 이렇게 볼 때, 우리의 가슴 속에서부터 저절로 역겨운 마음이 일어날 것이다. 그리고 우리 자신을 괴로움을 겪고 있는 다른 생명들과 동일시함으로써 그들과 보다 가깝다고 느끼게 될 것이고, 그들을 돕고 싶다는 마음이 더욱더 커질 것이다.

경쟁심과 자만에 대한 우리의 수행을 생생하고 실제인 것처럼 만들어야 한다. 그리고 우리 자신에게 이 '자아'가 우리로 하여금 하도록 만든 모든 악업과 우리에게 끼쳐온, 우리를 고통 속으로 밀어 넣고 다른 이들로 하여금 끝없는 괴로움을 겪도록 한 모든 해악 역시 일깨워준다. 이 오래된 '자아'가 진짜 주적(主敵)이다. 이것을 완전히 없애버린다면 정말 통쾌하지 않겠는가? 이것을 부수어 버리거나 무력하게 만들어버린다면 진심으로 자랑스럽지 않겠는가?

156.
그와 같이 분명하게 다른 이들의
이익을 위해 열심히 참여하라.
승리자 붓다의 가르침은 거짓이 없으니,
그 [이타행의] 공덕은 후에 [반드시] 볼 수 있을 것이다.

우리 자신을 다른 생명들보다 더 중요하게 여기는 마음의 모든 오점을 철저하게 점검한 다음에, 그런 마음의 태도가 가져오는 모든 해악을 이해한다. 우리는 반드시 이 오래된 자아의 억압에 반기를 들고, 자신만 소중하게 여기는 이기심이 우리에게 영향을 끼치지 못하도록 해야만 한다.

170.
아직도 나의 이익을 위해 [할 일이]
있을 것이라는 생각은 그만두라!
나는 그대(이기심)를 다른 이들에게 이미 팔아버렸으니,
낙담하지 말고 [이타심을 위해] 힘을 쏟아야 한다.

171.
만일 소홀히 하다가 그대(이기심)를
중생에게 내주지 않는다면,
그대(이기심)가 나를 지옥의 간수들에게
주어버릴 것이 확실하다.

173.
만일 내가 즐겁고자 한다면,
자기 자신에게 즐거움을 주지 말아야 한다.
만일 자기가 보호받기를 원한다면,
다른 이들을 언제나 보호해줘야 한다.

산띠데바는 특히 몸에 대한 집착의 위험성을 강조한다.

174.
이 몸은
애지중지하면 할수록
점점 더 참을성 없는 사람으로
타락하고 만다.

175.
이와 같이 [참을성 없는 사람으로] 타락한

> 그(몸)의 욕심은 이 땅 전체로도
> 만족시키는 것이 불가능하다.
> 어느 누가 그 [타락한 몸의] 욕심을 채워줄 수 있겠는가?

몸에 대한 집착은 고통을 불러올 뿐이다. 만일 우리가 이 몸이 쓸모 있어서 귀중하게 여긴다면, 모든 이들의 몸 역시 똑같이 귀중하게 대해야 한다. 그들의 몸 역시 그들에게 유용하기 때문이다.

> 184.
> 그러니 나는 [몸에] 집착하지 말고
> 중생의 이익을 위해 이 몸을 내주어야 한다.
> 그렇게 한다면, 이 [몸]에 흠이 많다 하더라도,
> 일을 하기 위한 도구로 보고 [보호해야] 한다.

지금까지 '자아'에 대한 집착이 우리 자신을 지배하도록 내버려 두어왔다. 지금 바로 이 순간이 불방일(不放逸)의 가르침을 되새겨야 한다. 혼침(惛沈)을 물리치면서 보살들의 발자국을 따라갈 가장 적절한 순간이다. 자비로운 붓다의 가르침을 잇는 이들처럼, 우리 역시 끈기 있게 밤낮으로 수행해야 한다. 만일 우리가 그렇게 할 수 있다면, 우리의 괴로움이 끝날 날이 오리라는 것은 분명한 사실이다.

187.

그러므로 [번뇌와 지혜라는 두 가지] 장애를 없애기 위해서

그릇된 길로부터 마음을 끌어내어

나는 언제나 올바른 [명상의] 대상을 통해

선정에 들 것이다.[71]

71_   역자주:《입보리행론》의 주석서인《입보리행론의 어려운 부분을 설명함》의
       저자 쁘라즈냐카라마띠(Prajñakaramati, shes rab blo 'byung gnas blo gros,
       950~1030)는 사마타 수행에 대해서 까말라쉴라의《수행의 단계》를 참고하라
       고 한다.

제 9 장

지혜(智慧)의 실천

1.
승리자 [붓다]께서는 이 [불법의] 모든 가지들을
반야지를 위해 설하셨다.
따라서 괴로움들을 잠재울 수 있기를 바라는 [마음]으로
반야지를 일으켜야 한다.

지혜에는 다양한 종류가 있다. 예를 들어, 다섯 가지 중심 학문[72]을
공부해서 터득한 속제적인 유형의 지혜가 있다. 또한 다른 이들의
이익을 위해 일하는 데 있어서의 지혜도 있다. 산띠데바가 여기에
서 "승리자 [붓다]께서는 이 [불법의] 모든 가지들을 반야지를 위해
설하셨다"라고 할 때, 그는 현상의 진면목인 공성의 깨닫는 지혜를
일컫는 것이다. 이것이 절대적인 지혜이다.

공성을 깨닫기 위해서 우리는 실제로 보시, 지계, 인욕, 정진,
선정의 앞 다섯 바라밀을 닦지 않아도 된다. 심지어 이 다섯 바라밀
은 관(觀)을 성취하기 위한 명료한 통찰력을 기르는 데 중요하지도
않다. 그러나 우리가 다른 중생을 돕겠다고 한다면 다섯 바라밀의
성취가 필수적이다.

나가르주나는 《공칠십론(空七十論)》에서 이렇게 말한다.

---

[72]   다섯 가지 상위 학문은 언어학, 논리학, 공예학 (및 수학, 역학), 의학 그리고 교
학을 말한다.

인(因)과 연(緣)으로부터 일어난 모든 현상을

실재하는 것으로 분별하는 모든 [견해는]

어리석음[無明]이라고 붓다께서 말씀하셨다.

이 어리석음에서 십이연기(十二緣起)가 일어난다.[73]

더불어, 아리야데바의 《사백관론(四百觀論)》은 다음과 같이 말한다.

존재의 씨앗인 의식은

대상을 그 활동의 영역으로 삼는다.

[의식이] 무아(無我)를 그 대상으로 삼으면

존재의 씨앗은 파괴된다.[74]

이 구절들을 이해하는 데는 다양한 방법이 있지만, 샨띠데바가 계승하고 있는 짠드라끼르띠의 전통을 따르자면, 나가르주나와 그의 전통은 자기 자신을 실체라고 착각하며 집착하는 것은 어리석으며,

---

73_ 역자주: 나가르주나의 《공칠십론(空七十論)》의 64번 게송이다. 이에 대한 주석은 다음 서적을 참고할 것. Komito, David Ross, Nāgārjuna, Tenzin Dorjee, and bSod-nams-rin-chen. 1987. *Nagarjuna's seventy stanzas: a Buddhist psychology of emptiness*. Ithaca, N.Y: Snow Lion Publications.

74_ 역자주: 아리야데바의 《사백관론(四百觀論)》의 350번 게송 이다. 이에 대한 주석은 다음 서적을 참고할 것. Āryadeva, Rgyal-tshab Dar-ma-rin-chen, and Sonam Rinchen. 2008. *Āryadeva's four hundred stanzas on the middle way: with commentary by Gyel-tsap*. Ithaca, New York: Snow Lion Publications.

현상이 진실로 존재한다고, 즉 실재한다고 믿는[75] 어리석음은 십이지연기 가운데 하나라고 말한다. 이 어리석은 믿음이 십이지연기의 한 구성요소인 윤회하는 존재를 일으킨다.

아리야데바의 게송은 윤회의 근원이 대상, 혹은 현상들을 그 경험의 영역으로 삼는 의식이라고 말한다. 그리고 이러한 인식의 대상들에 궁극적인 실재가 없다는 것을 이해하면 이 '존재의 씨앗'이 무너져내린다. 의식은 현상에는 자성이 없다는 것을 깨닫는 지혜가 완벽하게 이루어질 때 완전히 사라진다.

불교 대부분의 학파는 소수를 제외하고는 모두 개개의 자아, 즉 '나'라는 개념이 오온(五蘊)에 의존해서 일어난다는 데 동의한다. 그들은 이러한 오온에 의지하지 않는 독자적인, 혹은 독립적으로 존재하는 자아에 대한 믿음을 거부한다. 그러나 무아(無我)의 이론은 개별적인 '나'의 부정보다 더 나아간다. 즉, 우리는 반드시 모든 현상이 공하다는 것, 또는 모든 현상에 자성이 부재한다는 것을 그리고 모든 현상은 극도로 미묘한 존재의 방식을 가지고 있다는 것을 깨닫는 사실을 목표로 해야 한다.

지금까지 보아왔듯이, 우리가 현상 혹은 의식의 대상들에 어

75_ 역자주: 실재한다는 것은 대상이 의식과 동떨어져서 직접적인 원인과 간접적인 조건에 의지하지 않은, 즉 연기하지 않은 채로 존재한다고 보는 것이다. 원인과 조건에 의지하지 않기 때문에, 실재하는 것은 영원불변하다. 중관학파에서는 이렇게 있는 것처럼 보이는 참나와 현상은 깨달은 자의 눈으로 볼 때는 존재하지 않는다고, 즉 그러한 방식으로는 존재하지 않는다고 한다.

달라이 라마의 입보리행론 강의

떠한 참된 실재가 없다는 것을 이해할 때 존재의 근원은 파괴된다. 이러한 이해를 거꾸로 뒤집어보면, 모든 현상이 단일한 실체를 가지고 있다고 하는 믿음에 집착하는 것이며, 이것이 어리석음[無明]의 정의이다.

성문승(聲聞乘)과 연각승(緣覺乘)같이 대승보다 낮은 승(乘)을 수행한다고 해서 그들이 번뇌를 없앨 수 없고, 이에 따라 윤회로부터 자유로워질 수 없다고 믿는 것은 착각이다. 실제로 이렇게 생각하는 것은 보살계를 심각하게 위반하는 것이다. 성문승(聲聞乘)과 연각승(緣覺乘)을 따르는 사람들이 아라한(阿羅漢)을[76] 성취할 때, 그들은 번뇌로 인해 일어난 모든 장애를 완벽하게 여읜다. 그들은 또한 공성에 대한 일종의 깨달음을 반드시 가지고 있어야 한다. 그렇지 않으면 윤회의 바다를 벗어날 수 없다. 사실상 공성을 깨닫는 지혜는 성문, 연각 그리고 보살의 깨달음이라는 세 가지 종류의 깨달음을 일으킨다.

샨띠데바가 "승리자 [붓다]께서는 이 [불법의] 모든 가지들을 반야지를 위해 설하셨다"라고 말할 때, 이는 보살의 지혜를 일컫는 것이지 벽지불, 혹은 연각이나 성문들이 각각 그들의 수행도를 닦

76_ 아라한은 "적을 쳐부순 이"라는 뜻이다. 여기서 적은 번뇌를 뜻하며, 번뇌는 기본이 되는 성문승의 가르침을 수행함으로써 무너뜨릴 수 있다. 아라한은 윤회의 고통을 벗어나는 자유를 성취하지만, 그들의 공성에 대한 깨달음이 아주 완벽한 것은 아니기 때문에, 일체지의 성취를 방해하는 현상적 실재에 대한 집착이라는 아주 미세한 장애를 없애지 못한다. 그러나 그들은 불성을 성취하는 가장 수승한 목적을 향해 나아갈 수 있는 대승에는 아직 들어가지 않는다.

음으로써 일어나는 공성에 관한 그들만의 통찰을 지칭하는 것은 아니다. 그렇다면 보살의 지혜가 가지고 있는 특징은 무엇일까? 어째서 그들은 공성에 관해서 명상을 하는 것일까? 보살들은 번뇌로 인해 일어난 장애들만을 없애고자 하는 것이 아니라, 지혜를 가로막는 장애들 역시 제거하는 것을 목표로 삼는다. 보살들은 후자, 즉 지혜를 방해하는 장애를 제거하기 위해서 전자, 즉 번뇌의 장애로부터 자유로워져야만 한다.

그럼에도 불구하고 특정한 상황 속에서는 번뇌가 좋은 결과를 일으킨다고도 할 수 있다. 예를 들어, 다른 이들에 대한 찬탄은 집착을 통해 일어난다. "셀까시의 더러운 시궁창 물이 사탕수수밭을 기름지게 한다"라는 속담도 있다. 그러나 사실상 보살의 진정한 적과 다른 사람들을 위해 일하려는 그들에게 가장 큰 방해물은 일체지를 가리는 장애이다. 이 일체지를 가로막는 장애는 번뇌가 남겨 놓은 잔해물로 이루어져 있기 때문에 번뇌에 의한 장애는 반드시 제거되어야 한다.

따라서 보살들이 공성에 관해 명상할 때, 그들은 반야지를 위해 이러한 장애들을 떨쳐버리는 것을 주요한 목표로 한다. 그렇게 하는 데 있어, 현상의 미세한 본성을 단순히 지적으로 이해하는 것만으로는 부족하다. 이러한 장애들을 떨쳐내는 지혜는 반드시 보시와 다른 바라밀들의[77] 수행이 뒷받침해줘야 한다. 보살들이 장애

들을 제거할 수 있는 반야지를 통해 명확한 통찰력을 성취하고, 이를 통해 타인의 이익을 위해 일할 수 있도록 붓다는 다양한 수행법들을 가르치셨다.

산띠데바가 괴로움을 종식시키는 지혜를 일으키는 것에 관해서 말할 때, 그 괴로움이란 모든 중생의 괴로움이다. 한마디로 이 《입보리행론》은 보살의 행들, 즉 실천에 관한 것이다. 지금까지 우리는 우리만 아끼는 태도가 무엇이 잘못된 것인지, 다른 이들을 생각해주는 일이 어째서 중요한 것인지 논의해오지 않았던가?

보시 등을 바라밀로써 수행할 때 주체, 객체 그리고 행동 그 자체에 모두 자성이 결여되어 있다는 것을 이해하면서 수행한다면, 바라밀의 수행이 아주 깊어질 것이며 통상의 보시 등을 완전히 탈바꿈시켜줄 것이다.

우리는 산띠데바가 보시를 먼저 가르치고 지혜를 제일 끝에서 가르쳤다는 점을 염두에 두어야 한다. 그가 이렇게 한 데는 이유가 있다. 《대승집보살학론》에서 공성에 관한 견해를 설명하기 바로 직전에, 산띠데바는 아주 많은 경전의 문구들을 통해 붓다께서 공성을 가르치시기 전에 현상의 집착할 만한 가치 없음과 무상함에 대해서 그리고 괴로움의 본질에 대해서 말씀하셨을 것이라는 점을 보여준다. 혹자는 붓다께서 현상에는 자성, 즉 주관과 동떨어진 채로 존재하는 객체적 존재라는 것이 없다고 가르치는 내용이 마지막

하기 때문이다.

결론에만 나오기 때문에 붓다의 주요한 가르침은 현상의 세계에 관한 것이라고 잘못 생각할 수도 있다. 그러나 붓다께서 이러한 순서로 가르치시는 데는 아주 중요한 이유가 있다. 붓다께서는 현상의 긍정적인 측면과 부정적인 측면을 논하심으로써 신뢰할 수 있는 기능들을 가진 세속의 진리, 즉 속제(俗諦)를 명료하게 이해할 수 있는 기반을 마련해주신다.

붓다께서 현상의 본질 그 자체가 공하다고 말씀하시는 것은 이러한 세속적, 혹은 상대적 존재에 대한 명확한 이해에 기반해서 하시는 것이다. 오직 이러한 기본적인 이해가 있는 곳에서만 공성을 말할 수 있다. "물질은 공하며, 공한 것이 물질이다[色卽是空 空卽是色]"에서 볼 수 있듯이, 물질이 존재하기 때문에 그러한 존재 방식의 부정, 즉 그러한 물질이 존재하지 않음을 논할 수 있는 것이다. 만일 어떠한 물질도 존재하지 않는다면, 물질의 공함을 이야기할 수 없다. 공한 것이라고 말할 수 있는 공성을 논할 기반, 즉 물질이 있다고 말하는 것이다. 그러한 토대가 없다면 공성은 이해 불가능하다.

보시로부터 시작하는 첫 다섯 바라밀, 즉 보시, 지계, 인욕, 정진, 선정 바라밀 수행에 관한 가르침은 우리에게 공성의 명확한 관점을 제공한다.

예를 들어 우리가 빈곤 때문에 일어나는 모든 괴로움을 우리 자신과 다른 이들로부터 없애기 위해 보시를 실천할 때, 우리는 원인과 결과라는 세속적인 진리를 인식한다. 이를 기반으로 절대적 진리, 즉 이 모든 것이 사실상 실체가 없다는 진제(眞諦)의 가르침이 설해질 때, 우리는 이미 상대적 진리에 대한 굳건한 이해를 가지고 있으며, 따라서 단견인 허무주의나 영원주의의 극단들에 빠지는 잘못을 범하지 않게 된다.

2.
속제(俗諦)와 진제(眞諦)를 이제(二諦)라고 한다.
진제(眞諦)는 [주관(主觀)과 객관(客觀)을 구분하는]
인식의 대상이 아니며,
[그러한] 인식은 속제(俗諦)로써 설해졌다.

이 게송은 앎의 대상에 관해서 상대적이며 속제적인 진리와 절대적이며 진제적인 진리 사이의 차이를 구분하고 있다. 본 게송에 따르면 절대적 진리는 알음알이로는 알 수 없다.
《반야경》은 이렇게 설한다.

반야바라밀은 이해를 넘어섰으며,
언설로 표현할 수 없다.
이는 나지도 않았고, 멸하지도 않았으니 허공과 같다.
오직 깨달은 마음(보리심)만이 이를 파악할 수 있다.
그러한 모든 붓다의 어머니 앞에 저는 귀의하옵니다!

또한 《능단금강반야바라밀경(能斷金剛般若波羅蜜經)》은 다음과 같이 말한다.

> 붓다들은 법성(法性)으로 보라.
> [우리를] 이끌어주는 [스승들]을 법신으로 보라.
> 법성은 인식되지 않으니,
> 그들을 의식으로는 볼 수 없다.[78]

그 이유는 샨띠데바가 말하듯 의식의 대상은 상대적인 속제의 수준에서만 존재하는 어떤 것이기 때문이다. 그러나 이 게송의 요점을 해석하는 것은 미세한 부분이 있는데, 《금강경》의 후반부에는 또 다른 종류의 의식과 의식의 대상에 대한 문구를 읽을 수 있기 때문이다. 샨띠데바는 이어서 이렇게 말한다.

3.
[진제와 속제에] 관해 세상의 두 가지 유형을 보면

78_ 역자주: 이 게송은 《금강경》의 사구게 중 하나인 "만일 몸으로 나를 보거나, 소리로 나를 찾는 이는 그릇된 길을 걷는 것이니, [그렇게 해서는] 여래를 볼 수 없으리[若以色見我 以音聲求我 是人行邪道 不能見如來]"의 다음에 나오는 게송으로 한역본 금강경에는 나오지 않는 게송이다. 원문은 다음과 같다. "Skt. dharmato buddhā draṣṭavyā// dharmakāyā hi nāyakāḥ// dharmatā ca na vijñeyā// na sā śakyā vijānituṃ; TIb. sangs rgyas rnams ni chos nyid lta// 'dren pa rnams ni chos kyi sku// chos nyid shes par bya min pas// de ni rnam par shes mi nus//"

달라이 라마의 입보리행론 강의

[불교의] 수행자와 평범한 이들이 있다.

여기서 세상의 평범한 이들은

세상의 수행자들에 의해 논파 당하며,

4.

세상의 수행자들 역시 [수행의 단계가]

보다 높은 수준의 이들에게 논파 당한다.

양쪽이 공통으로 받아들이는 예들로 [교화하기 시작한다].

[처음에는 중생을 진실의 깨달음으로 인도한다는 실질적인] 결과를

위해 분석하지 않기 때문이다.[79]

《입보리행론》에서 관(觀) 혹은 지(智)를 말할 때는 실체가 존재하지
않는다는 것의 이해를 일컫는다. 현상을 분석하는 분별의 지혜를
사용하는 데 있어, 불교의 여러 학파들은 이러한 이해를 각각 다른

---

[79]_   역자주: 쁘라즈냐까라마띠(Prajñakaramati, shes rab blo 'byung gnas blo
gros)는 그의 주석서에서 보살은 중생을 진여의 깨달음으로 인도하기 위해 분
석하지 않는데, 그렇지 않으면 중생이 진제의 깨달음으로부터 멀어지기 때문이
라고 한다. 예를 들어, 꽃병은 진제적 입장에서는 공하며, 꽃병이라는 이름과 자
성을 가지고 존재하지는 않지만, 속제적인 입장에서 평범한 사람이 논리적인
분석을 하지 않은 채로 보았을 때는 존재하는 것이다. 보살은 평범한 사람이 받
아들일 수 있는 분석을 거치지 않은, 공통적인 지적 수준에서부터 시작해서 교
화한다.
참고 : shes rab 'byung gnas blo gros (Prajñakaramati), "byang chub kyi spyod
pa la 'jug pa'i dka' 'grel (bodhicaryavatarapanjika) in stan 'gyur (sde dge)",
W23703 : 196a6-196b2.

수준으로 성취한다. 그리고 보다 수준이 높은 교리적 견해를 갖춘 이들은 보다 낮은 수준의 교리적 이해를 가진 학파를 따르는 이들을 논파한다.

다시 말하자면, 식별하는 의식에는 두 가지가 있다. 하나는 세속적인 진리의 수준에서 현상을 파악하는 의식이며, 다른 하나는 절대적인 진리의 수준에서 현상을 파악하는 의식이다.《입보리행론》에서 말하는 관(觀) 혹은 지(智)란 현상의 자성을 절대적 진리의 관점에서 분석하는 묘관찰지(妙觀察智)이지,[80] 일반적인 수준에서 상대적인 현상들을 식별하는 지혜가 아니다. 그리고 만일 게송이 심오한 수행의 길과 광대한 수행의 길에 관해서 말하고 있다면, 심오한 수행의 길이 그 절대적 진리의 관점에서 현상을 관찰하는 묘관찰지를 일컫는 것이다.

짠드라끼르띠는《입중론(入中論)》에서 "원행지(遠行地)에 이른 이들은 수승한 지혜를 가지고 있다"고 하신다. 원행지란 보살의 십지(十地) 중 일곱 번째 단계를 말한다. 방편바라밀(方便婆羅蜜)을 체득한 보살을 일컬으며, 세간(世間)과 출세간(出世間)이라는 낮은 단계의 길에서 멀리 떠나[遠行] 훨씬 높은 경지에 오른 상태를 뜻한다. 보살이 보살지의 일곱 번째 단계인 원행지에 다다르면 그의 지

80_ 역자주: Tib. so sor rtogs pa'i ye shes. 여래의 다섯 가지의 지혜 가운데 하나이다. 다섯 가지 지혜란 법계체성지(法界體性智), 대원경지(大圓鏡智), 평등성지(平等性智), 묘관찰지(妙觀察智), 성소작지(成所作智)이다.

혜는 성문 혹은 벽지불의 지혜를 뛰어넘는다. 원행지에 이르기 전까지, 보살이 첫 번째 단계인 환희지(歡喜地)부터도 성문과 연각의 수준은 넘는데, 그것은 그 보살의 권속(眷屬)들의 힘 때문이지, 그들의 지혜의 힘 때문은 아니다.[81] 보살은 성문이나 벽지불의 지혜를 원행지에서 뛰어넘는다. 또한 이 보살칠지(菩薩七地)에서 보살은 그들의 지혜의 수준을 뛰어넘어, 자기 스스로의 힘으로 완전한 열반[대반열반大般涅槃, mahāparinirvāṇa]의 삼매에 들어가고 그 삼매로부터 나올 수 있게 된다고 한다.

산띠데바가 절대적인 진리는 의식으로 파악할 수 없다고 할 때, 그는 절대적인 진리를 파악하는 의식을 말하는 것이 아니라 주관과 객관의 이분법을 인식하는 어두운 지혜를 말하는 것이다. 절대적인 지혜는 우리가 반드시 분별개념을 여읜 마음을, 즉 주관과 객관의 이분법이 없는 그런 마음으로 반드시 경험해봐야 한다. 상대적인 진리는 분별적이고 이분법적인 지혜로 인식하는 것이다.

고대 인도의 비불교 전통 역시 절대적인 진리와 상대적인 진리에 대해서 논한다. 예를 들어, 상캬 철학은 원초적인 질료를 절대적인 진리라고 보고, 자아(puruṣa) 등 나머지 스물다섯 개의 지식의 대상을 상대적인 진리로 본다. 대비바사론부(大毗婆沙論部),[82] 경량

81_ 성문과 연각(벽지불)은 오직 자기 자신들의 해탈만을 구한다. 따라서 그들은 보살의 권속에 속한 이들과 다른 이들의 해탈을 위해 정진하는 이들보다 수준이 낮은 권속에 속한다고 한다.

82_ 역자주: 티베트불교에서는 대체로 설일체유부(說一切有部)를 대비바사론부

부(經量部), 유식(唯識), 중관(中觀)과 같은 서로 다른 불교 학파들 사이에서도 두 가지 종류의 진리, 즉 이제(二諦)에 대한 견해가 약간씩 다르다.

'상대적'이라는 용어는 상황에 따라 불명료한 진리라고 불리기도 하며, 세속적 진리라고 불리기도 한다. 그리고 절대적 진리는 또한 다양한 의미를 가질 수도 있다. 바수반두는《중변분별론(中邊分別論)》에서 절대적인 절대적 진리, 수행하는 절대적 진리 그리고 성취한 절대적 진리에 대해서 논한다. 또한 가장 수승한 진언승(眞言乘, mantrayāna), 또는 금강승(金剛乘, vajrayāna)에서는 절대적인 빛남에 대해서 논한다. 더불어, 진언승의 특정 수행들은 이 두 가지 진리를 다른 방식으로 논하기도 한다. 예를 들어, 현상의 가공, 즉 실체가 없고 한시적인 면에 대해서는 상대적 진리와 연결해서 설명하고, 그러한 현상들의 원초적 연속성에 대해서 논할 때는 절대적 진리에 관련해서 설명한다.

따라서 우리가 절대적 진리를 논할 때는, 늘 문맥을 참고해서 그 절대적 진리를 현교(顯敎, 經乘)와 밀교(密敎, 眞言乘) 가운데 어느 쪽에서 말하는지 그리고 밀교에서는 어떠한 밀교 경전(딴뜨라)을 중심으로 이야기하는 것인지를 고려해야만 한다. 문맥을 고려하는 것이 매우 중요하다. 만일 우리가 절대적 진리에 관한 전반적인 이해를 특정한 문헌에 적용하려고 한다면, 매우 헷갈릴 수 있다.

의 한 분파로 본다.

나가르주나는《중론(中論)》에서 붓다의 가르침은 상대적인 세상의 진리[俗諦]와 수승하고 절대적인 진리[眞諦]라는 두 가지 진리에 기반한 것이라고 한다. 이에 대해서는 짠드라끼르띠가《입중론(入中論)》에서 자세하게 설명한다. 즉, 모든 현상은 잘못 인식되기도 하며 제대로 인식되기도 하기 때문에, 우리는 현상의 본질을 두 가지 방향으로 파악한다. 제대로 올바르게 이해한 대상이 절대적 진리이며, 잘못 인식된 대상이 상대적 진리이다. 이는 비개념적인 경험의 인식 대상은 절대적 진리에 관련된 것이며, 개념적인 분석의 대상은 상대적 진리에 관련된다는 뜻이다. 우리가 지금까지 길러온 공성에 대한 이해는 이 두 가지 진리를 토대로 한 내용이다. 그러나 여기에서는 오직 절대적 진리의 비개념적 경험에 대해서만 논하고 있다. 이 경우를 제외하고, 진리를 구별하는 방법들은 짠드라끼르띠의《입중론》과 똑같다.

　　어째서 우리는 공성을 이해해야 하는가? 우리는 괴로움을 바라지 않으며, 괴로움의 근본은 다스려지지 않은 마음이라는 것을 알고 있다. 마음이 현상을 잘못 인식하고 이해하기 때문에, 번뇌가 일어나고 평화를 찾지 못하는 것이다. 이것이 우리가 괴로워하는 이유이다. 이를 피하기 위해서는 반드시 잘못 보지 않는 마음을, 현상의 진정한 본질을 보는 지혜를 길러야 한다. 잘못된 인식이 일어나는 것은 우리가 현상을 있는 그대로, 여여(如如)하게 보지 못하기 때문이다.

　　우리가 인식하는 대부분의 대상은 잘못된 방식으로 인식하고 있다. 현상을 진짜로 있는 방식 그대로 보고 있지 못하는 것이다. 이것이 우리가 착각하는 방식이다. 이를 피하기 위해서, 우리는 반드시 현상을 경험하는 그대로 받아들이지 말아야 한다. 현상을 있는 그대로 보고 있는지 아닌지에 대해 분석하고 점검해보는 것이 매우 중요하다. 스스로에게 무엇이 우리의 인식을 가로막고 있는지 물어보아야만 한다. 이렇게 한다면, 두 가지 진리에 대한 이해가 마음속에서 일어날 것이다.

산, 집 등 우리가 인식하는 모든 것들은 어떠한 방식으로든 우리에게 영향을 준다. 우리는 그것들의 진정한 본성을 살펴보아야만 한다. 인식의 결과와 그 인식의 결과에 우리가 가져다 붙이는 긍정적이거나 부정적인 측면들은 상대적 진리이다. 상대적 진리는 우리가 다양한 현상을 상대적인 방법으로, 즉 현상의 본질을 더 깊게 분석하지 않은 상태로 경험할 때 우리가 인식하는 것이다. 깊게 분석하지 않은 세속적인 마음이 분석해서 얻은 인식의 결과가 상대적인 진리이다.

만일 절대적인 진리에 따라 어떠한 실체도 없다고 한다면, 어째서 우리는 상대적인 진리를 진리라고 말하는 것일까? 이는 인식하는 사람에게 진짜이기 때문이다. 인식 대상이 실체라고 믿는 어리석음에 의해 어둑어둑해진 마음에는 참이기 때문이다. 짠드라끼르띠가 《입중론》에서 말하듯, 어리석음에 의해 뒤바뀌고 가려진 것과 실체로 인식되는 것을 상대적인 진리라고 한다.

어떤 마음이라야 다양한 현상이 진실로 보일까? 현상이 주

달라이 라마의 입보리행론 강의

체와 동떨어져 객관적으로 존재한다고 믿는 헷갈린 어두운 마음만
이 오직 그렇게 받아들인다. 현상의 진정한 모습은 어리석게 대상
에 매달리고 대상이 기능하는 방식에 집착하는 마음에 의해 가려져
있다. 따라서 상대적인 진리는 세속적인 방식으로 대상을 점검하는
마음이 인식하는 대상을 토대로 한다. 만일 우리가 그보다 더 분석
해서 현상의 본모습을 보고자 한다면, 우리는 실재의 궁극적인 본
질을 찾을 수 있을 것이다. 여기서 우리는 현상이 드러나는 방식(상
대적 진리)과 현상이 존재하는 방식(절대적 진리)을 구분할 수 있어야
한다. 그리고 후자가 착각이 없는 마음이 인식하는 것이다.

절대적 진리에 접근하는 방법에는 두 가지가 있다. 절대적인
진리에 관한 긍정적인 생각은 가르침을 듣고, 사유하고, 수행하는
것[聞思修]을 통해서 얻을 수 있으며, 부정에 관한 절대적인 진리의
이해는 분석을 통해 얻을 수 있다.[83] 만일 분석을 통해 실체가 존재
한다는 것을 증명할 수 있다면 가르침을 듣고, 사유하고, 명상하는
것을 통해서도 그 실체를 알아낼 수 있어야만 사리에 맞다. 그러나
사실상 듣고, 사유하고, 명상하는 것을 통해서 찾을 수 있는 것을 논
리적 분석을 통해서는 찾을 수 없다.

예를 들어, 절대적 본성은 듣고, 사유하고, 명상하는 것을 통

83_   역자주: 달라이 라마는 자성(自性)에 대한 다양한 논리적 분석을 통해 자성의
        부재를 증명함으로써 공성에 대한 깨달음을 얻는다는 점에서 부정을 통한 절대
        적 진리의 이해를 설명한다.

지혜(智慧)의 실천

해서 경험할 수 있다. 그러나 개별체와 모든 현상의 자성을 조사할 때 찾을 수 있는 것은 그들의 자성이 공하다는 것뿐이다. 이 공성은 마음에 분명한 절대적인 진리이다. 이 공성은 인식을 통해 알 수 있다. 공성을 경험하면 이 경험을 다시 재현할 필요가 없다. 이 본성, 즉 공성에 대한 경험을 참조함으로써 수행자는 다시 그 경험을 기억해낼 수 있다. 공성의 경험은 진실하기 때문에 논리에 의지해서 그 경험이 있다는 것을 증명할 필요가 없다. 따라서 어떠한 현상도 실체적으로 존재하지 않는다는 것에 대한 어느 정도의 확신을 가질 때 이것을 다시 설명한다든가, 분석을 다시 반복할 필요가 없다. 듣고, 사유하고, 명상하는 것을 통해서 획득한 이 절대적 본성은 우리가 경험할 수 있는 것이다.

그러나 이 절대적 본성, 혹은 공성이 어디에 있는지 찾으려고 하면 찾을 수 없다. 그 절대적 본성의 자성은 부존재(不存在)이기 때문이다. 혹자가 듣고, 사유하고, 명상하는 것을 통해서 얻은 절대적 본성의 경험을 분석의 대상으로 놓는다면, 그는 그것을 찾을 수 없을 것이다. 절대적 본성은 본질적으로 존재하지 않기 때문이다. 예를 들자면, 꽃병의 자성이 공하다고 할 수 있지만, 우리가 그 공함을 보려고 한다면 볼 수 없다. 존재하지 않기 때문이다. 기껏해야 우리가 찾을 수 있는 것은 공성의 공함이지만 공성을 찾을 수는 없다. 듣고, 사유하고, 명상하는 것을 통해서 경험해온 그것은 그러한 분석을 통해서는 발견할 수 없다.

이것이 매우 중요한 점이다. 듣고, 사유하고, 명상하는 것을

달라이 라마의 입보리행론 강의

통해서 일어나는 절대적 진리에 관한 이해는 존재하는 것이고 경험할 수 있는 것이다. 그러나 공성 자체의 분석을 통해 떠오르는 절대적 진리에는 아무것도 존재하지 않는다.[84]

84_ 역자주: 다르마끼르띠의 불교 인식론과 중관학파의 철학에 근거한 겔룩빠는 공성에 대한 깨달음에 두 가지 종류의 논리적 의식이 작용한다고 한다. 이 두 가지 종류의 논리적 의식(rigs shes)은 속제적인 논리적 의식과 진제적인 논리적 의식 두 가지이다. 속제적 논리적 의식으로는 논리를 통해 자성의 부재를 파악하고, 진제적 논리적 의식인 요가수행자의 직접지각을 통해 경험적으로 깨닫는다. 자세한 내용은 다음의 논문을 참조할 것. Jongbok Yi, "The Meaning of rigs shes in the Geluk Tradition," in *Critical review for Buddhist studies* (금강대학교 불교문화 연구소, 2016): 950138.

제 10 장

회향(廻向)

《입보리행론》의 마지막 장은 공덕을 모든 중생의 이로움을 위해 회
향하는 장이다.

1.
내가 보살행의 입문서를
상세하게 쓴 모든 공덕을 통해
모든 중생이 보살행에
입문할 수 있기를!

2.
온 사방 모든 [중생의] 몸과 마음의
괴로움과 상처들,
그들이 내 복덕으로 인해
바다와 같은 기쁨과 행복을 성취할 수 있기를!

3.
윤회가 다할 때까지,
절대 다시 그들의 기쁨이 줄어들지 않기를!
그 중생이 보살의 기쁨을
영원히 성취할 수 있기를!

《입보리행론》설법의 마지막 날인 오늘, 나는 이렇게 멀리까지 와서

이 가르침을 듣는 여러분에게 감사를 표하고 싶다. 지혜의 장인 제 9장을 더 자세하게 가르치고 싶었지만, 시간이 충분하지 않았다. 그러나 이것이 프랑스에 다시 한번 더 와야 할 좋은 구실이 되었다. 그리고 나는 반드시 돌아와서 일주일 동안 오직 제9장만을 같이 공부하는 기회를 얻도록 하겠다.[85]

　　여기 붓다의 가르침에 진정으로 관심을 가지고 있는 여러 도반들께서는 최선을 다해 공부하고 수행하기를 부탁드린다.

　　공성이라는 주제에 관해 여러분이 닦은 기초적인 지식과 이해가 여러분의 수행을 훨씬 수월하게 도와줄 것이다. 이 공성에 관한 이해는 이타심의 수행과 함께할 때 훨씬 더 강력해진다. 샨띠데바가《입보리행론》을 쓸 때, 이론적인 논서로 쓴 것이라기보다 수행자들을 위한 설명서라는 데 중점을 두고 썼듯이, 반드시 이 이타심에 대한 가르침을 실천하도록 최선을 다하자. 다른 이들을 위한 삶은 우리가 무엇을 믿는지를 떠나 우리 모두에게 너무나도 중요한 것이다.

85_　달라이 라마 성하께서는 1993년 11월 다시 프랑스에 오셔서 라보르(Lavaur)에 있는 바즈라요기니 회관에서 많은 대중들을 상대로 제9장을 가르치셨다. 달라이 라마의 제9장에 대한 가르침은 현재 번역 중이다. 달라이 라마께서는 서뽀 꾼상 뻴덴과 민약 꾼상 소남의 두 자세한 주석서를 기반으로 가르치셨다. (본주 13번 참조) 이 두 주석서는 성하의 바람을 따라 *Wisdom: Two Buddhist Commentaries*라는 제목으로 출판되었다.

역자주: 제9장에 대한 달라이 라마의 주석서는 *Practicing wisdom: the perfection of Shantideva's Bodhisattva way*라는 제목으로 2004년에 출간되었다.

이 지구라는 행성 위에 사는 우리 모두는 언제나 그랬듯이 여행객에 불과하다. 우리 가운데 그 누구도 이 땅에 영원히 살 수 없다. 가장 장수한다고 해봤자 백 년 조금 남짓이다. 그러니 우리가 여기에 있는 동안 선한 마음으로 건설적이고 삶에 쓸모 있는 것을 이루고 갈 수 있도록 최선을 다하자. 우리가 몇 년을 살든, 타인과 동물들 그리고 환경을 괴롭히고 있는 문제들을 더 악화시키는 데 허비한다면 정말 슬프고 후회막급할 일이다. 가장 중요한 일은 착한 사람이 되는 것이다.

여러분 가운데 내 오래된 친구들 몇몇을 볼 수 있었다. 서양에서 출가한 비구 비구니들로, 그들은 적게는 15년 동안, 많게는 20년 넘게 계율을 지키며 수행해왔다. 당신들은 거의 승가의 장로나 다름없다! 여러분이 내 가르침을 듣는 동안, 여러분이 완전히 내 가르침에 몰입해 있다는 것을 여러분의 자세와 눈빛을 보고 알 수 있었다. 정말 기쁜 일이며, 나는 여러분이 계속 정진하여 보리심을 성취하고 공성을 깨닫기를 기원한다. 이것은 내적인 탈바꿈을 통해 가능한 것이다. 어느 날 여러분은 진짜로 보살들이 될 것이다. 그러니 어떠한 장애물이 여러분을 가로막는다 하더라도, 아무리 시간이 오래 걸리더라도 풀 죽지 말기 바란다. 그리고 진심으로 감사하다.

여기 프랑스의 도르도뉴 지방에는 닝마와 까규의 불교 센터들이 있고, 프랑스 도처에 겔룩과 사꺄의 불교 센터들이 있다. 나는 이 서로 다른 티베트불교 전통들이 어떠한 편견도 없이 조화를 이루며 존재하고 있다는 사실이 매우 기쁘다. 이러한 조화의 정신을

달라이 라마의 입보리행론 강의

계속 이어가기를 부탁드린다.

끝으로 티베트 독립의 명분에 대해서 잠깐 말씀드리고자 한다.

불교 승려의 한 명으로서, 나는 중국으로부터의 티베트 독립이라는 국가적인 분쟁에 기꺼이 참가하고자 한다. 이는 단순히 정치적인 문제가 아니라 붓다의 가르침에 관련된 것이기 때문이다. 자유가 없다면 붓다의 가르침을 수행할 수도 없을뿐더러 보전할 수도 없다. 지난 30년간 티베트에서 무슨 일이 일어났는지가 그것을 증명한다. 자유 티베트는 이러한 가르침들의 보전이 매우 중요하다. 특히 불교가 티베트에서 매우 온전한 형태로 수행돼 왔기 때문에 더욱 그러하다. 이 대의를 돕는 것은 간접적으로 불법을 시봉하는 것이다. 여기 모인 여러분 가운데 몇몇은 적극적으로 티베트인들의 권리를 보호하고 있다. 나는 여러분의 노력에 깊이 감사드린다. 그리고 앞으로도 지속적으로 우리에게 지지를 부탁드린다. 나는 끊임없는 공포와 협박 속에서 고통받고 있는 모든 이들을 대신해서 그리고 이 참극의 결과로 사라진 백만의 티베트인들의 이름으로 깊은 감사를 표한다.

55.
허공계가 다할 때까지
중생이 다할 때까지
이 세상에 머물면서
모든 중생의 괴로움을 없앨 수 있기를!

회향(廻向)

56.
중생의 괴로움은 그것이 어떠한 것이든,
모두 내게서 일어나기를!
보살 승가의 [보살행]으로
중생이 행복을 누릴 수 있기를!

57.
중생의 괴로움을 [낫게 해주는] 유일한 명약이며,
모든 기쁨의 원천인 [붓다의] 가르침이
경제적인 [지원]과 존경하는 [이들의 힘으로]
오랫동안 머무를 수 있기를!

58.
자애의 힘으로 [내게] 고결한 마음을
일으켜주시는 문수사리께 절하옵니다.
자애의 힘으로 저를 이끌어주시는
선지식(善知識)들께도 절하옵니다.

고귀하고 수승한 보리심이
아직 일어나지 않은 곳에서 일어나기를,
그리고 이미 일어난 곳에서는 절대 사그라들지 않고,
더욱더 커지고 번성하기를 기원합니다.

달라이 라마의 입보리행론 강의

불교학을 배우기 위해 2002년 유학길에 올라 타국 생활을 시작한 이후 줄곧 미약하나마 모국에 보탬을 줄 수 있는 일은 무엇일까 고민해왔다. 숙고 끝에 내가 할 수 있는 최선의 방법은 양질의 책을 번역해 소개하는 일이라고 결론을 내렸다. 그렇게 결심한 후 지금까지 한국 독자들에게 도움이 될 만한 책들을 꾸준히 소개해왔다. 그중 예전부터 샨띠데바의 《입보리행론》을 소개하고 싶었는데, 이렇게 번역할 기회를 준 불광출판사에 감사드린다.

　　달라이 라마 성하의 주석의 경우 뻬마까라 번역 그룹의 영문 번역을 한국어로 옮겼지만, 샨띠데바의 원문의 경우는 그렇게 하지 않았다. 4행으로 이루어진 게송은 산문을 압축한 것이기 때문에 맥락을 이해하지 못하면 오역하기 쉽다. 따라서 게송의 경우는 모두 원전 산스크리트어본과 티베트어본을 저본으로 하고, 이해가 되지 않는 부분이나 영문 번역과 의견이 다른 게송들은 현재까지 나온 티베트 대장경의 주석서 및 다른 티베트불교 전통의 주석서를 참고했다. 그리고 한국어 번역은 청전 스님의 《샨띠데바의 입보리행론》(담앤북스, 2017)과 《샨티데바의 행복 수업》(김영로 역, 불광출판사, 2007)을 참고했지만, 두 분과 의견을 달리하는 게송도 있음을 미리 말씀드린다. 무리한 부탁임에도 두 출판사에서 흔쾌히 미국까지 책을 보내주신 점, 지면을 빌려 깊이 감사드린다.

　　이 책은 머리말에서 밝혔듯이 달라이 라마 성하께서 1991년 프랑스에 방문해 펼친 강론을 엮어 2003년에 책으로 낸 것이다. 이제야 한국에 소개되니 근 28년이 지난 셈이다. 어찌 보면 오래된 가르침이라고 할 수도 있지만, 번역하면서 전혀 시간의 간극을 느낄 수 없었다. 마치 시간의 흐름에서 벗어난 듯 가르침은 항상 생생한 모습으로 다가왔다. 여러 티베트 주석서와 영어 및 한국어 번역을 교차 점검하면서 그때마다 삶을 성찰할 수 있었고, 이 과정은《입보리행론》의 가르침을 삶 속에 적용하는 시간이기도 했다. 가끔은 번역을 멈추고 마음을 울리는 가르침에 기뻐하며 그 대목을 반복해서 읽어보기도 했다.

　　특히 샨띠데바와 성하의 보시와 인욕바라밀에 관한 가르침은 내게 대단히 깊은 감동을 주었다. 샨띠데바와 성하께서는 "보시바라밀을 행하는 사람이 거지를 욕할 수 없지 않으냐"고 말씀하신다. 이와 마찬가지로 인욕바라밀을 수행하는 사람이 나를 괴롭히는 적을 미워해서는 안 된다고 하신다. 오히려 그 적이 인욕바라밀을 수행하게 해주니 고마운 도반이 아닐 수 없다. 더 나아가 윤회의 관점에서 보면, 내가 괴롭힘당하는 것은 예전 어느 때 그런 행동을 저질렀기 때문에 받는 업보이니 화를 내고 보복해야 할 일이 아니라고 하신다. 즉, 화를 내지 않고 자비의 마음을 내면 지금 이 순간에 소멸시킬 수 있는 업이니, 오히려 기뻐하고 감사해야 할 순간인 것이다. 나로서는 그 말씀이 지금도 가슴 깊이 박혀있다.

불교에서는 용서라는 말이 통용되지 않는다. 모든 것은 의지와 말과 행동의 결과로 이어지는 것이며, 그 업의 발현은 누구도 가로챌 수 없다. 따라서 용서란 말은 자기 자신과의 화해이지 상대방을 향한 것이 아니다. 적이 나를 괴롭힐 때, 그가 받을 업의 결과를 생각하며 연민의 마음을 일으키고, 과거의 빚을 갚을 기회를 준 것에 기뻐하며 감사의 마음을 일으킨다면 내가 행복해지는 것이다.

성하께서는 길게 내다보라는 말씀도 하신다. 지금 나의 적이 누리는 것처럼 보이는 기쁨은 실제로 시작도 끝도 없는 윤회하는 삶 속에서 일어나는 한 번의 파도에 불과하다. 그러니 지금 악행을 저지르는 이의 행복을 시기하거나 화를 낼 것이 아니라 연민의 마음을 닦을 기회로 삼아야 한다고 말씀하신다. 자비심을 근원으로 삼아 연기(緣起)를 이해하고, 방편을 통한 자비의 실천으로 행복의 테두리를 넓힐 때, 비로소 보살행을 성취할 수 있다는 가르침이다.

끝으로 이 책의 번역을 마치며 나에게 티베트어를 가르쳐주신 은사이자, 달라이 라마 성하의 공식 통역사로 10년간 일하신 버지니아대학 명예교수 제프리 홉킨스 선생님께 감사드린다. 선생님은 티베트 문헌 번역이 미진한 나를 눈물 흘리기 직전까지 호통을 치며 엄격히 지도해주셨다. 하지만 호통 뒤에는 진정한 학자가 되기 위한 수행으로 생각하라며 항상 격려와 함께 따뜻한 미소를 보내주셨다. 지금 돌이켜보니 번역이 수행이라면 일종의 기쁜 고행이 아닐까 싶다. 그리고 내 삶의 일부분이며 도반인 아사미, 대희, 수희, 제희와 어머니, 또 한 분의 은사이신 안심정사의 법안 스님께 감사의 인사를 드린다.

2019년 2월

이종복

용어 해설

- 겁(劫, kalpa): 인도의 전통적인 우주관에서 굉장히 긴 시간의 단위를 일컫는다. 대겁(大劫)은 한 우주계가 이루어지고, 유지되고, 무너지며, 사라지는 성주괴공(成住壞空)의 시간을 말하는데, 여든 개의 소겁(小劫)으로 이루어져 있다고 한다. 중겁(中劫)은 두 개의 소겁으로 이루어져 있으며, 첫 번째 소겁 동안에는 중생의 생명이 늘어나며, 두 번째 소겁 동안에는 생명이 줄어든다.

- 겔룩빠: 쫑카빠 로상닥빠(1357-1419)를 중심으로 이룩된 티베트불교의 4대 종파 가운데 하나.

- 경승(經乘, sūtrayāna): 대승은 두 부류로 나뉘는데, 경승과 진언승이다. 경승은 경전의 가르침에 근거해서 육바라밀의 수행을 권장한다. 진언승은 딴뜨라의 가르침에 근거한다.

- 경전(經典, sūtra): 샤꺄무니 붓다의 가르침을 제자들이 기억해서 구전하다가 후대에 기록한 문헌의 총칭이다.

- 고요한 마음(śamatha): 마음이 노력을 가하지 않고도 대상에 오롯하게 집중하는 명상의 상태이다.

- 교리: 법(法, dharma) 참조.

- 귀의(歸依): 삼보(三寶)의 가호(加護)를 구하는 불자들이 윤회의 괴로움에서 벗어나기 위해 의지하는 것을 뜻한다. 그러므로 삼보는 불교도의 귀의처이며, 불교도는 삼보에 귀의하는 이들이다.

- 근본승(根本乘): 성문승 참조

- 금강승(金剛乘): 진언승 참조.

- 까규빠: 티베트불교 4대 종파 가운데 하나로, 역경사 마르빠(1012-1095)에 의해 건립되었다.

- 까담빠: 아띠샤 디빵까라(982-1054)의 가르침을 중심으로 재가 제자 돔뙨빠 겔와중네(1004/5-1064)가 이룩한 티베트불교의 한 종파. 계율, 학문, 자비 수행을 특히 강조했다.

달라이 라마의 입보리행론 강의

까담빠 전통의 영향은 티베트불교 전반에 걸쳐 지대한데, 그 가운데 특히 겔룩빠의 경우 신까담빠로 불리기도 한다.

- 네 가지 성스러운 진리[四聖諦]: ① 괴로움의 진리: 윤회 속에 존재하는 모든 중생의 특징은 괴로움이다. ② 괴로움 원인의 진리: 괴로움의 원인은 부정적이고 진리를 보지 못하도록 가리는 감정들이다. ③ 괴로움 소멸의 진리: 괴로움의 소멸은 불성의 성취이다. ④ 괴로움 소멸로 이르는 길의 진리: 윤회로부터의 자유를 성취하기 위한 수단.

- 닝마빠(nying ma pa): 티베트 4대 종파 가운데 가장 오래된 종파로 8세기 구루 빠드마삼바바(蓮花生)에 의해 건립됐다.

- 다섯 가지 독: 무지, 집착, 증오, 자만, 질투.

- 대승(大乘): 현교(顯敎)의 경승(經乘)과 밀교(密敎)의 진언승(眞言乘)을 모두 포함한다. 성문승 참조.

- 명료한, 또는 투철한 통찰[vipaśyanā]: 자신의 마음과 현상에는 참나, 혹은 자성이 존재하지 않는다는 것을 드러내는 명상법이다.

- 번뇌(kleśa): 괴로움을 일으키는 생각과 행동에 영향을 주는 마음의 요소들.

- 법(法, dharma): 석가모니 붓다와 다른 깨달은 이들의 가르침이다. 깨달음의 길을 보여주는 법, 즉 다르마는 실제로 설해진 법과 가르침의 실천을 통해 달성한 상태의 법 두 가지가 있다.

- 법신(法身, dharmakāya): 붓다라는 진리의 몸. 공성의 한 모습.

- 벽지불(辟支佛, 緣覺, pratyekabuddha): 스승의 도움 없이 홀로 깨닫고 다른 이들에게 가르침을 전하지 않는 각자(覺者)를 말한다.

- 보다 나은 세계[三善道]: 육도 참조.

- 보리심(菩提心, bodhicitta): 깨달은 마음. 보리심은 대승 불교의 핵심 용어이다. 속제(俗諦)의 입장에서 보자면, 보리심은 중생을 위해 불성을 성취하고자 하는 바람과 그 성취

를 위해 필요한 수행이다. 그리고 진제(眞諦)의 입장에서 보자면 자아와 현상의 궁극적 성품, 즉 공성의 직접적인 통찰이다.

- 보살(菩薩, bodhisattva): 불성을 성취하기 위해 자비심과 육바라밀을 수행하는 수행자를 가리킨다. 보살은 모든 중생을 구제하기 위해 깨달음을 이루겠다는 서원을 세운다. 산스크리트어 보디싸뜨바(bodhisattva)에 대응하는 티베트어 장춥셈빠(byang chub sems dpa')는 '깨달음의 마음을 지닌 위대한 이'라는 뜻이다.

- 보살 수행의 다섯 단계[修行五位]: 자량위(資糧位), 가행위(加行位), 견도위(見道位), 수도위(修道位), 무학위(無學位)이다. 이 단계들은 깨달음에 이르는 다른 양상들이 아니라 연속적인 단계에 따른 발전을 일컫는다. 무학위에 이른 보살은 불성을 성취한다. 십지(十地) 참조.

- 보살승(菩薩乘, bodhisattvayāna): 대승 불교의 현교(顯教) 혹은 경교(經教)에 속해있는 보살들이 끄는 수레[乘]이다.

- 보신(報身, saṃbhogakāya): 붓다가 화현하는 환희신 혹은 초인간적인 형태. 보신은 오직 수행을 통해 높은 의식의 수준에 이른 이의 눈에만 보인다.

- 불법(佛法, buddhadharma): 붓다의 가르침. 법(法, dharma) 참조.

- 붓다(buddha): 괴로움의 원인인 번뇌의 장애, 즉 번뇌장(煩惱障)과 일체지를 가로막는 무지의 장애인 소지장(所知障)의 두 가지 장애를 제거했으며, 진제와 속제의 두 가지 앎으로 완벽하게 이끄는 분.

- 삼계(三界): 윤회를 세 가지 세계로 나눈 것으로, 욕계(欲界), 색계(色界), 무색계(無色界)이다. 욕계는 여섯 가지 세계[六道]를 포함한다. 색계와 무색계는 색계의 사선정(四禪定)과 무색계의 사무색정(四無色定)을 통달한 천인(天人)들만이 머물 수 있는 곳이다.

- 삼보(三寶): 붓다, 붓다의 가르침인 불법(佛法), 붓다의 제자들과 수행자들의 무리인 승가(僧伽)를 말한다. 이 삼보는 귀의의 대상이다.

- 삼학(三學): 계율(戒律), 선정(禪定), 지혜(智慧)를 말한다.

- 성문승(聲聞乘) 및 소승(小乘, hīnayāna): 불교 수행자들은 그들의 근원적인 서원에 따라 두 가지 서로 다른 가르침, 즉 두 종류의 수레에 속한다. 그 두 가지 가르침은 소승, 즉 근원적인 수레(근본승)와 대승, 즉 위대한 수레라고 알려져 있다. 근본승은 붓다의 제자들인 성문승의 길과 자신만을 의지해서 깨달음을 추구하는 자들, 즉 벽지불의 길로 세분화 된다. 성문승과 벽지불의 수행 목표는 윤회의 고통으로부터 완전히 해방되는 열반(니르바나)의 성취이다. 대승은 성문승과 벽지불승의 타당성과 유효성을 인정하면서도 보리심, 즉 완전한 깨달음을 열망하는 보살의 길이다. 소승이라는 말은 '열등한 수레'라는 뜻이지만 경멸의 의미로 이해하면 안 된다. 그 가르침들도 대승의 수행에 기반이 되기 때문이다. 달라이 라마는 소승 대신 성문승이라는 용어를 사용할 것을 권한다. 이 경우 성문승이라는 용어는 벽지불도 포함하는 것으로 이해되어야 한다.

- 소승: 성문승 참조

- 순례: 사찰, 탑, 수미산과 같은 신성한 산, 집, 혹은 위대한 스승 주위를 의식을 집중하고 지속해서 시계방향으로 돌려 걷는 행위로 높은 공덕을 일으키는 신행 방법이다.

- 십이연기(十二緣起): 무명(無明), 행(行), 식(識), 명색(名色), 육처(六處), 촉(觸), 수(受), 애(愛), 취(取), 유(有), 생(生), 노사(老死)의 열두 가지로 이루어진 연기법을 일컫는다.

- 십지(十地): 깨달음의 열 단계. 첫 번째 보살지는 견도(見道)의 시작이다. 보살십지의 두 번째는 수도(修道)의 시작이다.

- 싸꺄빠(Sakyapa): 티베트불교 4대 종파의 하나로 티베트에서 가장 오래된 귀족 가운데 하나인 쾬 일족의 꾄쪽 걜뽀(1034-1102)가 이룩했다.

- 업(業, karma): 산스크리트어 까르마는 '행위'를 뜻하며, 인과의 법칙을 일컫는다. 붓다의 가르침에 의하면 생각이든, 말이든, 행동이든 간에 모든 행위는 언젠가 열매를 맺는 씨앗과 같이 현생 혹은 내생에 결과가 나타난다고 한다. 선업 혹은 덕을 쌓는 행동은 행복을 불러온다. 악업 혹은 부정적인 행동은 후에 일어나는 괴로움의 원인이다.

- 여덟 가지 세상의 관심거리[俗世八法]: 여덟 가지 세상의 관심거리. 득과 실, 즐거움과 고통, 칭찬과 비판, 명예와 불명예를 가리킨다. 깨달음의 길을 따르지 않는 대부분의 사

람들이 하는 이익을 구하고 손해를 피하려하는 등의 상반되는 짝을 일컫는다.

- 여래(如來, tathāgata): 붓다의 열 가지 명호 가운데 하나.

- 여래장(如來藏, tathāgatagarbha): 붓다가 될 가능성이 모든 중생의 마음속에 자리 잡고 있는 것을 말한다.

- 열반(涅槃, nirvāṇa): 산스크리트어 니르바나의 티베트 역 냐겐레데빠(mya ngan las 'das pa)는 '괴로움을 넘어섬'이라는 뜻으로 성문승과 대승의 수행을 통해 성취한 다양한 깨달음의 수준을 일컫는다.

- 오온(五蘊, pañca skandhas): 중생을 규정하는 다섯 가지 종류의 쌓임으로, 몸[色], 감수작용 [受], 느낌[想], 인식[行] 그리고 의식[識]이다.

- 육도(六道, 여섯 종류의 세계): 윤회하는 중생은 행위의 과보에 따라 여섯 곳 중 한 곳으로 가게 되는데, 이를 세계, 또는 영역이라고 한다. 이 여섯 세계의 괴로움은 각기 다르지만 어느 한 세계도 만족스럽지 못하다. 세 가지 높은 세계[三善道]는 한시적인 즐거움이 괴로움을 완화시킨다. 삼선도는 천상, 아수라, 인간의 세계이다. 세 가지 좋지 않은 세계[三惡道]는 괴로움이 많은 세계로 축생, 아귀, 지옥을 가리킨다.

- 육바라밀(六婆羅蜜, ṣaṭpāramitās): 보시, 지계, 인욕, 정진, 선정, 지혜의 여섯 가지 실천을 말하며, 보살도의 수행을 이룬다. 여기서 바라밀은 '도피안(到波岸), 즉 피안으로 건너가다'라는 뜻이 있는데, 집착과 번뇌를 건너 열반의 세계에 도달한다는 의미가 담겨 있다.

- 윤회(輪廻, saṃsāra): 존재의 바퀴. 깨닫지 못한 상태에서 집착, 증오, 무지의 삼독(三毒)에 사로잡혀 다른 중생의 모습을 가지며 끊임없이 고통으로 귀결되는 심신의 경험을 하는 것을 말한다. 육도 참조.

- 저급한 생명의 몸[三惡道]: 육도 참조.

- 진언(眞言, mantra): 한 무리의 단어, 또는 음절로 이루어져 있으며, 특정한 천신이나 보살, 붓다와 연결되어 있다. 진언을 반복해서 암송하는 것이 딴뜨라 명상의 핵심적인 부분을 이룬다.

- 진언승(眞言乘, mantrayāna): 비밀 진언의 수레로 금강승(金剛乘)이라고도 한다. 딴뜨라에 기반한 가르침과 수행으로 이루어져 있으며, 이는 대승에 속하지만, 가끔은 대승과 분리된 종파로 여겨지기도 한다. 성문승 참조.

- 화신(化身, nirmānakāya): 자비와 방편이 육신으로 현현한 것으로, 이 화신을 통해 붓다는 깨달음에 이르지 못한 중생의 눈에 보인다. 따라서 화신은 중생과 교류하며 그들을 도울 수 있는 수단이다.

- Bodhisattva Levels: *Bodhisattvabhūmi* by Asaṅga (fourth century).
- Compendium of All Practices: *Shiksasamuccaya* by Shāntideva (eighth century).
- Compendium of All Sūtras: *Sūtrasamuccaya* by Shāntideva.
- Compendium of Logic: *Pramana-samuccaya-nama-prakarana* by Dignāga (fifth-sixth centllries).
- Entrance co the Middle Way: *Mādhyamaka-āvatara-nama* by Chandrakīrti (seventh cenrury).
- Essence of the Middle Way: *Mādhyamaka-hridaya-kārikā* by Bhāvaviveka (sixth cenrury).
- Four Hundred Verses: *Catuhshataka-shāstra-kārikā* by Aryadeva (second century).
- Garland of Jewels: *Ratnamala* by Chandraharipa.
- General Counsels: *Udanavarga*.
- Heart Sūtra: *Prajñāpāramitā-hridaya-sūtra.*
- Ornament of the Mahāyāna Sūtras: *Mahāyāna-sūtralamkāra-kārikā* by Maitreya-Asaṅga.
- Root Verses of the Middle Way: *Prajñā-mūlamādhyamaka-kārikā* by Nāgārjuna.
- Seventy Verses on Emptiness: *Shūnyatāsaptati-kārikā* by Nāgārjuna.
- Scories of the Buddha's Series of Lives: *Jatakamala* by Aryashura.
  Sublime Continuum: *Uttaratantra-shāstra* by Maitreya-Asaṅga.
- Sūtra of Buddha Narure: *Tathāgatagarbha-sūtra.*
- Sūtra of the Three Collections: *Triskandha-sūtra.*
- Sūtra of the Vajra Banner: *Vajradhvaja-sūtra,* part of the *Avatamsaka Sūtra.*

- Sūtra of the Visit co Lankara: *Lankāvatāra-sūtra.*
- Sūtra of Transcendent Wisdom: *Prajñāpāramitā-sūtra.*
- Treatise on Logic: *Pramanavarttika-kārikā* by Dharmakīrti (seventh century).
- Treatise on the Center and Extremes: *Mādhyanta-vibhanga-kārikā* by Maitreya-Asaṅga.
- Vajra Cutter Sūtra: *Vajracchedikā-sūtra.*
- Way of the Bodhisattva: *Bodhicharyāvatara* by Shāntideva.

달라이 라마의

입보리행론 강의

달라이 라마의

2019년 2월 27일 초판 1쇄 발행
2023년 12월 22일 초판 3쇄 발행

지은이 달라이 라마 • 엮은이 빼마까라 번역 그룹 • 옮긴이 이종복
발행인 박상근(至弘) • 편집인 류지호 • 상무이사 김상기 • 편집이사 양동민
편집 김재호, 양민호, 김소영, 최호승, 하다해 • 디자인 쿠담디자인
제작 김명환 • 마케팅 김대현, 이선호 • 관리 윤정안
콘텐츠국 유권준, 정승채, 김희준
펴낸 곳 불광출판사 (03169) 서울시 종로구 사직로10길 17 인왕빌딩 301호
　　　 대표전화 02) 420-3200 편집부 02) 420-3300 팩시밀리 02) 420-3400
　　　 출판등록 제300-2009-130호(1979. 10. 10.)

ISBN 978-89-7479-657-0 (03220)

값 17,000원